家で楽しむ

大相撲

「観る相撲」のためのガイドブック

ホビージャパン相撲部 著

はじめに（本書の見方）

大相撲は伝統的な日本の娯楽文化です
力士のぶつかり合いは迫力があり
人々の心を熱くさせます
テレビ中継を観るだけでも
大相撲の魅力は伝わりますが

最大限楽しむ方法をお伝えします
番付によって天と地の差があること
取組で勝つための流れや技を知ること
アプリ、インターネットの活用術
何を予習し何を復習すればよいのか
本書は、大相撲について家にいながら
とことん楽しむための技法書です
したたかに咲く
豊山

大相撲を家で観る

昔からテレビ桟敷《さじき》という言葉があります。桟敷席とは会場の中でも特に見やすい特等席のこと。それを再現しているのがテレビ中継です。さあ、テレビ桟敷を最大限に楽しむ準備をしましょう。

突き押し

一瞬で勝負が終わることの多い、突き押し相撲。土俵上の勝負時間が2～3秒で決まるときもあります。その数秒のドラマも、番付争い、優勝争いを考えながら観ると、何倍もの時間を楽しむことができます。どの一番も無意味な勝負はありません。

型

右四つ、左四つ、もろ差し、突き、押し、引き、叩き…。それぞれの力士に、それぞれの得意な型があります。右四つ得意の力士が左の上手を狙う瞬間。それをさせまいと、しのぐ力士。土俵上の戦いをより楽しむための、予備知識を身に付けましょう。

言葉

実況から聞こえてくる「おっつけ」、「いなし」などの用語。決まり手は解説されますが、決まり手につながる技術はあまり語られることはありません。土俵上で何が行われているのか。そして、何が大切なのか。現役親方の言葉を通して解説します。

力士から見る相撲の仕組み

①四股名	照ノ富士 春雄	④初土俵	平成 23 年技量審査場所
②所属部屋	伊勢ヶ濱部屋	⑤出身地	モンゴル ウランバートル
③番付	東横綱	⑥得意技	右四つ・寄り

力士には所属部屋、四股名《しこな》、得意技など大相撲を楽しく観るための情報がたくさん詰まっています。それを調べると、大相撲の仕組みや面白さが見えてきます。

照ノ富士の情報を読む

①**四股名**　若三勝＝間垣部屋時代（師匠の現役時代の四股名が若三杉）↓照ノ富士＝伊勢ヶ濱部屋移籍後（6代目の伊勢ヶ濱親方である元横綱照国の「照」＋師匠の元横綱旭富士の「富士」）

②**所属部屋**　伊勢ヶ濱一門に属する。同部屋に宝富士、照強、翠富士、熱海富士など

③**番付**　横綱（第73代）。怪我で大関から序二段まで陥落するも、その後復活して横綱に（28頁参照）

④**初土俵**　同期には明生、栃丸、白鷹山、常幸龍など

⑤**出身地**　ウランバートル。同地は過去に朝青龍、白鵬など名横綱が輩出

⑥**得意技**　右の下手を差して、左の上手を取れば万全の体勢

所属部屋	どんな力士と稽古をしているのか、同部屋や一門の力士を頭に入れておきましょう。
四股名履歴	四股名から部屋を移動していることや、師匠が変わっているなどの情報が見えてきます。
番付	現在の地位だと、今場所はどの力士にあたるのか？ それを考えることで、その場所の勝敗を予想します。
初土俵	同期の力士やキャリアは何年になるのかなどを知ることができます。
出身地	自分の出身地やいま住んでいる場所が同じ力士＝ご当所力士（クニモン）を探します。
身長、体重	体重は場所の調子にも影響します。前場所からどれだけ増減があるかにも注目しましょう。
得意技	各力士の得意技、得意な型を頭に入れておくことで、相撲を観る楽しみが何倍にも広がります。

目次

第二章

取組編成編～次は誰と当たる？

第三章

技術編～言葉を知って楽しむ

第四章
本場所編〜いざ本番。家で楽しむ大相撲

第五章
情報編〜大相撲をもっと楽しむために

本書の掲載情報は令和4年12月現在のものになります。

本書を作った人たち

琴剣淳弥
相撲漫画家

昭和35年、福岡県田川郡生まれ。元力士。最高位は三段目46枚目。引退後、「相撲漫画家」として活躍。大相撲関連の作品を多数世に送り出す。

岩友親方
（元前頭 木村山）

昭和56年、和歌山県御坊市生まれ。平成16年5月初土俵。現在は、日本相撲協会社会貢献部でYouTubeなどの企画・運営に携わる。最高位は前頭7枚目。

秀ノ山親方
（元大関 琴奨菊）

昭和59年、福岡県柳川市生まれ。平成14年1月初土俵。平成28年5月場所に日本出身力士としては10年ぶりの優勝を飾る。

飯塚さき
スポーツライター

平成元年、埼玉県さいたま市生まれ。海外留学を経てベースボール・マガジン社に勤務。平成30年に独立しスポーツ誌、Yahoo！ニュースなどで記事を執筆中。

Twitter　**Instagram**

佐々木一郎
日刊スポーツ新聞社

平成22年に大相撲担当になった。「大相撲総選挙」などの人気企画を生み出す。「ABEMA大相撲センター試験公式サイト」の出題者。

Twitter

藤井康生
フリーアナウンサー

昭和32年、岡山県倉敷市生まれ。昭和60年5月場所、NHK大相撲実況担当としてデビュー。現在は「ABEMA大相撲LIVE」の実況を務める。

Twitter　**YouTube**

YouTube「藤井康生のうっちゃり大相撲」

ギャラリー写真撮影用カメラ／ニコンZ9 レンズ／ NIKKOR Z 100-400mm f/4.5-5.6 VR S
機材協力／株式会社ニコン

第一章　番付編～大相撲の楽しみはここから始まる

すべては番付を上げるために

「力士の階級順位昇降は、その本場所相撲の勝ち星により協議の上決定する」――相撲規則より

大相撲の基本的な仕組み

大相撲は年6回、奇数月に本場所が開催され、その成績により番付の地位が変わります。番付は一番上の横綱から一番下の序ノ口まで10分類されています。**十両以上になると「関取」と呼ばれ、月給がもらえる地位になります。**幕下以下の力士に月給はありませんが、部屋に住み込みなので住居と食事は確保されます。**1場所の取組数は十両以上が15番、幕下以下は7番です。**

番付は最新の実力ランキング

毎場所後に最新の番付が作成されます。番付は前場所の地位と勝ち星を基準に決められた、その時点で強い力士を順に並べたランキング表と言えます。通算勝ち星や出場回数など累積のデータが考慮されることはありません。**番付によって、待遇や収入、社会的地位は大きく変わっていきます。**力士が本場所で**一生懸命に戦うのは、一枚でも番付を上げるためです。**

本場所の呼び方

大相撲では15日間行われる興行のことを「本場所」と呼び、本書では「1月場所」「3月場所」と表記します（一部「一月場所」「三月場所」と漢数字で表記）。なお、様々な媒体で下表のような名称で表記される場合があります。

本書の表記	別の表記	開催都市
1月場所	初場所	東京
3月場所	春場所、大阪場所	大阪
5月場所	夏場所	東京
7月場所	名古屋場所	名古屋
9月場所	秋場所	東京
11月場所	九州場所	福岡

番付は生き物

「番付は生き物」とよく言われます。なぜ、そう言われるのでしょうか。それは、**ひとつの勝ち越しで番付が1枚上がると決まっているわけではない**からです

例として、とある場所に前頭3枚目で10勝を挙げて、新三役に昇進した力士がいました。しかし他の場所では同じ前頭3枚目で10勝を挙げるも、翌場所は前頭筆頭止まり、という力士もいます。

なぜ、こういう現象が生まれるのか？　これはその場所の三役力士の成績により昇進ができる枠が空かなかったり、番付周囲で勝ち星が大きく上回る力士がいたためなど、理由は様々あります。勝ち越すことが番付上昇には必須の条件ですが、どのくらい番付が上がるのかはそのときの状況に左右されます。

いくら頑張っても部内に課長が渋滞していて上がれない、ワンチャンスをものにした同僚が先に昇進していくなど、**会社の出世争いと似ている部分もあります。**

同じ地位で同じ成績を挙げても、同じ昇格幅にはならない。これが生き物と言われる一つの理由です。

番付の地位を会社の職位に例えると……

横綱	社長
大関	専務
関脇	部長
小結	課長
前頭	係長
十両	主任
幕下	一般社員
三段目	
序二段	
序ノ口	
前相撲	見習い

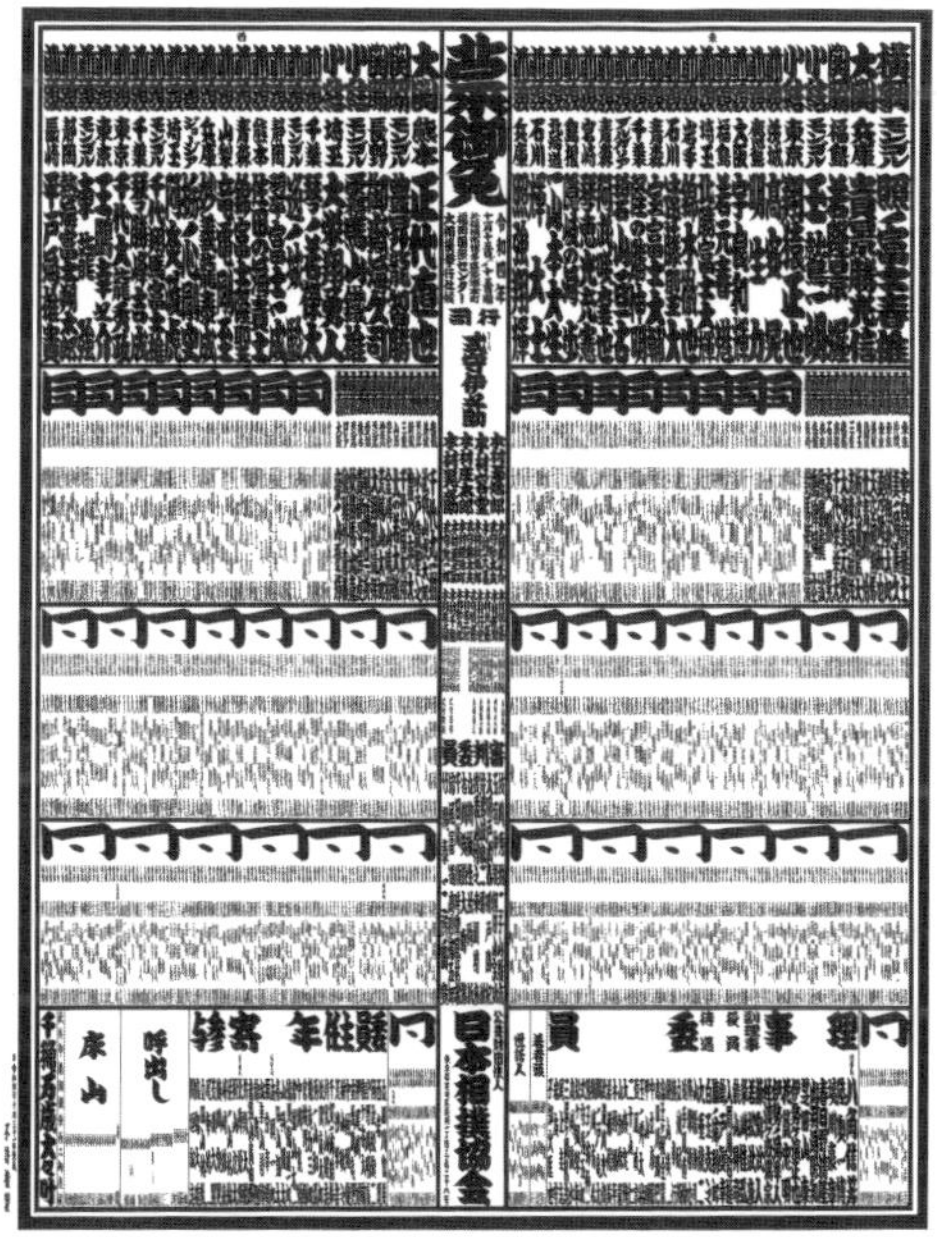

もらえるお金は番付の地位次第

※令和５年１月現在

月給 3,000,000円 昇給額 +500,000円	
月給 2,500,000円 昇給額 +700,000円	
月給 1,800,000円	
月給 1,800,000円 昇給額 +400,000円	
月給 1,400,000円 昇給額 +300,000円	
月給 1,100,000円 昇給額 +1,017,500円	2,000,000円
場所手当 82,500円 昇給額 +27,500円	500,000円
場所手当 55,000円 昇給額 +11,000円	300,000円
場所手当 44,000円 昇給額 +5,500円	200,000円
奨励金 38,500円	100,000円

幕内

優勝賞金

10,000,000円

三賞賞金

2,000,000円

※幕下以下は月給ではなく、本場所のたびに２カ月分を一括支給されます。左の表では比較しやすいように、月給に換算して表記しています。

幕下以下奨励金

地位ごとに１勝につき 1,500 ～ 2,500 円。
勝ち越した場合は 3,500 ～ 6,000 円支給。
場所ごとに2カ月分を合わせて支給。

横綱

大関

関脇

小結

前頭

十両

幕下

三段目

序二段

序ノ口

※表記の他に賞与、出張手当などが支給される。

関取

幕内

三役

本場所特別手当

地位ごとに5万～20万円。1場所で11日間以上出場した場合は全額、10日間以内の場合は3分の2が支給され、5日間以内の出場の場合は3分の1が支給される。

懸賞金

企業が懸賞を懸けた取組に勝つと土俵の上で獲得できる。申し込み金額は1本につき72,000円で、勝ち力士がその場で手に入れられるのは、積立金などを引いた3万円となっている。

力士褒賞金

月給とは別に支給される能力給のようなもの。入門したときから力士ごとに設定されている個別の給与で、関取に昇進すると受給の資格を得ることができる。

勝てば勝つほどに――力士褒賞金（持ち給金）とは

力士褒賞金とは、月給とは別に支給される能力給のようなもので、関取に昇進すると受給資格を得ます。場所を勝ち越すことで金額が増えていき、勝ち越し点（下記参照）1点につき50銭（1円の半分）が増額されます。幕内優勝、金星獲得でも増え、上がった持ち給金は地位が下がらない限り、引退するまでその金額が支給されます。番付が上がったときにその地位で定められた最低保証額に達していない力士は、その地位の金額まで引き上げられます。金額はとても低く見えますが、実際は4,000倍をした金額が場所ごとに支払われます。勝ち越しを「給金直し」と表す言葉はここからきています。

地位	最低保証額	4,000倍の金額
横綱	150円	600,000円
大関	100円	400,000円
関脇～前頭	60円	240,000円
十両	40円	160,000円

昇給条件			
勝ち越し1点	50銭	金星	10円
優勝	30円	全勝優勝	50円

勝ち越し点とは

1場所の勝ち星と負け星の差分によって決まります。8勝7敗なら勝ち越し1点、10勝5敗なら勝ち越し5点となります。

番付における各地位の説明

横綱

明治以降に登場した、番付の歴史では最も新しい地位です。それまでは大関や関脇のような地位ではなく、番付には載らない最強大関の称号でした。現在の昇進までの流れは、**大関力士が2場所連続優勝、またはそれに準ずる成績**（例・優勝決定戦で敗北し準優勝など）を挙げると、審判部が臨時理事会の招集を要請します。理事会では横綱審議委員会に昇進の諮問を依頼するか検討します。横綱審議委員会は依頼を受けると「品格、力量ともに抜群」など、その力士が横綱にふさわしいかを審議します。承認されると再び理事会に戻り横綱推挙を正式に決定して、該当力士のいる部屋に使者を送り、推挙されたことを伝える「伝達式」を行います。**横綱は成績に関わらず降格することはありません**。しかし最強の象徴であるがために成績が上がらないときは**常に進退を考えなければならない、大変厳しい地位**といえます。

横綱は中入（十両取組後）の時間に、露払い（つゆはらい）と太刀持ち（たちもち）を従えて「横綱土俵入り」を行います。場所の大きな見どころのひとつです。横綱土俵入りには雲竜型（うんりゅうがた）と不知火型（しらぬいがた）があります。

大関

横綱が番付に登場するまでは、大関が番付上の最高位でした。大関に昇進するには条件があり、現在は**直近の場所が関脇で、かつそれまでの3場所連続の勝ち星の合計が33勝以上であることが目安**とされます。これに該当する力士が出た際、審判部長が臨時理事会招集を依頼し、理事会にて承認されると大関に推挙されます。横綱と違い**2場所連続で負け越すと、翌場所は関脇に陥落します。**大関に定員はありませんが、東西1名は必ずいることが原則です。また、幕内全体で定員があるので、大関が増えることによっておのずと前頭の数は減っていきます。

関脇

関脇に上がるといよいよ**大関への道**が開けてきます。大関になるには、まず**三役で二桁勝利などの好成績を挙げる場所が必要**です。そこで初めて3場所合計の勝ち星をカウントする「起点」ができます（起点が平幕の場合もあり）。しかし昇進するまでの道のりはとても厳しいものです。例えば横綱2人、大関4人がいる場所であれば、自分より上の力士との対戦が6番あるということになります。1場所で10勝以上するには関脇以下9人の力士に全勝し、かつ上の力士から1番以上勝たなければなりません。もし関脇以下の力士に2敗を喫した場合は、大関以上から3勝、つまり半数に勝たなければなりません。それを3場所続けてようやく大関に昇進できます。簡単には昇進できないことがわかります。

小結

小結までは比較的入れ替わりが激しく、ここから関脇に上がるまでがまた一つの関門といえます。**大関・関脇・小結をまとめて「三役」**と呼びます。原則東西各1人の2人が定員（小結、関脇は特例で3～4人になる場合も）のため、前頭上位で勝ち越しても三役陣が勝ち越すと、枠が空かずに昇格できないというケースもあります。**三役に一度でも上がった力士**は、引退後に元関脇、元小結と呼ばれ、**その後の人生にも影響を与えていきます。**

小結以上をまとめて表す際は「役力士」と呼称します。

前頭

横綱から前頭までが「幕内力士」になります。幕内の定員は**42人**です。幕内に上がると横綱・大関との対戦も組まれ、晴れの舞台に登場した姿がテレビ、ラジオを通して全国の相撲ファンに届けられます。さらに懸賞金を獲得できる権利も得て、場所を通した活躍を評価されると**殊勲、敢闘、技能の三賞**各賞を受賞することができます。さらに大相撲で最高の栄誉である、幕内最高優勝のチャンスも生まれてくるのです。**前頭は三役力士と区別をするため「平幕」**と呼ばれることがあります。

十両

定員は**28人。十両以上の力士は関取**と呼ばれ、初めて**給金（月給）をもらえる地位**となります。関取になるとあらゆる面で待遇が変わり、大銀杏はもちろん、付け人が付いたり、テレビ中継に出る機会も増えてきます。1場所の取組数も7番から15番になり、ここからいよいよ大相撲第二の人生の幕開けと言えます。

地位によって待遇も変わる

	浴衣	着物・羽織	外套・マフラー	博多帯	ちりめん帯	紋付羽織袴	畳敷雪駄	エナメル製雪駄	下駄	白足袋	黒足袋	稽古用白廻し	専用座布団	明荷	部屋での個室	サインを書く	付け人
幕　内	○	○	○	○		○	○			○		○	○	○	○	○	○
十　両	○	○	○	○		○	○			○		○		○	○	○	○
幕　下	○	○	○	○				○			○						
三段目	○	○			○			○			○						
序二段	○				○				○		○						
序ノ口	○				○				○		○						

幕下

定員は120人。幕下に上がると、十両昇進の期待が高まります。特に**15枚目以内は幕下上位**と呼ばれ、いよいよ**関取まであと一歩の地位**になります。しかし上位になるほど周りに十両経験のある実力者も増え、関取にたどり着くのは並大抵のことではありません。幕下に上がれたとしても関取になれるのは一握りの力士だけなのです。

三段目

定員は180人。**三段目から定員が設けられている**ように、力士として本格的な競争が始まると言えます。雪駄の着用が許されるなど待遇にも変化があり、キャリアの浅い力士が好成績を上げると有望株と言われ、周囲からの期待度も変わってきます。

序二段

定員はありません。序ノ口の人数と合わせて、3対1から4対1の割合で振り分けられます。三段目昇進の目安は20枚目以内で4勝以上、35枚目以内で5勝以上、70枚目以内で6勝以上です。全勝の場合、地位は関係なく昇進します。

序ノ口

定員はなく、その場所にデビューする力士の人数、序二段との総人数によって決まります。勝ち越せば序二段に昇格でき、負け越しても全敗しない限りはデビュー場所の力士より下になることはないので、デビュー力士の人数によっては序二段に昇格する場合もあります。

前相撲（番付外）

序ノ口の下、番付の外で相撲を取ることを指し、各段付け出し以外の力士は、全員ここから相撲人生が始まります。前相撲力士同士で相撲を取り、成績の良い順から一番出世、二番出世と振り分けられ、翌場所の序ノ口の番付に反映されます。

番付の昇降を考える

本場所15日間の取組結果と、その次の場所でどのように番付が変化したかを見てみましょう。

例）令和4年5月場所の番付および結果

東			西		
横綱	照ノ富士	12勝3敗			
大関	御嶽海	6勝9敗	大関	正代	5勝10敗
			大関	貴景勝	8勝7敗
関脇	若隆景	9勝6敗	関脇	阿炎	7勝8敗
小結	豊昇龍	8勝7敗	小結	大栄翔	11勝4敗
前頭1	高安	6勝9敗	前頭1	逸ノ城	15休
同2	霧馬山	10勝5敗	同2	琴ノ若	9勝6敗
同3	北勝富士	5勝10敗	同3	玉鷲	9勝6敗
同4	遠藤	7勝8敗	同4	隆の勝	11勝4敗
同5	阿武咲	2勝4敗9休	同5	翔猿	7勝8敗
同6	宇良	9勝5敗1休	同6	若元春	9勝6敗
同7	宝富士	4勝11敗	同7	琴恵光	6勝9敗
同8	志摩ノ海	7勝8敗	同8	照強	5勝10敗
同9	琴勝峰	6勝9敗	同9	栃ノ心	8勝7敗
同10	隠岐の海	9勝6敗	同10	錦木	8勝7敗
同11	碧山	10勝5敗	同11	千代翔馬	6勝9敗
同12	妙義龍	6勝9敗	同12	佐田の海	11勝4敗
同13	千代大龍	8勝7敗	同13	明生	8勝7敗
同14	王鵬	6勝9敗	同14	豊山	6勝9敗
同15	東龍	5勝10敗（→十両陥落）	同15	一山本	8勝7敗
同16	石浦	15休（→十両陥落）	同16	翠富士	9勝6敗
同17	荒篤山	2勝13敗（→十両陥落）	同17	輝	6勝9敗（→十両陥落）
十両1	千代丸	8勝7敗	十両1	英乃海	8勝7敗
同2	千代の国	6勝9敗	同2	剣翔	10勝5敗
同3	水戸龍	7勝8敗	同3	竜電	9勝6敗
同4	天空海	5勝10敗	同4	東白龍	9勝6敗
同5	北の若	3勝7敗5休	同5	大翔鵬	9勝6敗
同6	大奄美	11勝4敗	同6	錦富士	11勝4敗

例）令和4年7月場所の番付

東					西				
横綱	照ノ富士	ー		一人横綱のため変わらず					
大関	貴景勝	↑			大関	御嶽海	↓		
					大関	正代	↓		
関脇	若隆景	ー		大関昇進ならず据え置き	関脇	大栄翔	↑	+1	
小結	豊昇龍	ー		大栄翔が 11 勝で関脇ならず	小結	阿炎	↓	-1	負け越すも三役を維持
前頭 1	霧馬山	↑	+1	三役に枠がなく昇進ならず	前頭 1	隆の勝	↑	+3	11 勝を挙げ琴ノ若より上に
同 2	琴ノ若	↑	+0.5	上位が詰まって昇格は半枚	同 2	逸ノ城	↓	-1	新型コロナ特例で降格1枚
同 3	玉鷲	↑	+0.5	上位が詰まって昇格は半枚	同 3	宇良	↑	+2.5	
同 4	若元春	↑	+2.5		同 4	高安	↓	-3.5	
同 5	遠藤	↓	-1		同 5	佐田の海	↑	+7	先場所 11 勝の活躍で躍進
同 6	碧山	↑	+5		同 6	翔猿	↓	-1	
同 7	隠岐の海	↑	+3		同 7	北勝富士	↓	-4.5	
同 8	栃ノ心	↑	+1.5		同 8	錦木	↑	+2	
同 9	志摩ノ海	↓	-1		同 9	琴恵光	↓	-2	
同 10	千代大龍	↑	+3		同 10	明生	↑	+3	
同 11	琴勝峰	↓	-2		同 11	翠富士	↑	+5	
同 12	照強	↓	-3.5		同 12	宝富士	↓	-5.5	
同 13	一山本	↑	+2.5		同 13	千代翔馬	↓	-2	
同 14	妙義龍	↓	-2		同 14	剣翔	↑	+5	十両 2 枚目で 10 勝 5 敗
同 15	阿武咲	↓	-10		同 15	王鵬	↓	-1.5	
同 16	豊山	↓	-1.5		同 16	大奄美	↑	+6.5	十両 6 枚目で 11 勝 4 敗
同 17	錦富士	↑	+6.5	十両 6 枚目で 11 勝 4 敗	同 17	千代丸	↑	+0.5	十両筆頭で 8 勝 7 敗

令和4年5月場所と7月場所を例にとって、番付の動きを見てみましょう。三役では、東関脇若隆景が大関昇進の条件に達していないので据え置きに。阿炎は7勝8敗と1点の負け越しでしたが、西の小結に留まりました。小結豊昇龍は勝ち越して関脇昇進が期待されるも、西小結で 11 勝を挙げた大栄翔が関脇に昇進。豊昇龍は据え置きとなりました。

前頭の上位は関脇、小結に空きがなくなり、勝ち越しても小幅の昇格となりました。霧馬山は 10 勝を挙げ前頭 2 枚目から筆頭になりましたが、豊昇龍が8敗、もしくは阿炎が9敗していたら三役昇格が濃厚でした。下位を見ると、東龍が千秋楽に負けて 10 敗になりました。勝っていたら9敗で、14 枚目で9敗した王鵬が後ろに2枚残した番付に留まっているので、東龍の十両降格はなかったかもしれません。

地位の昇降の実例

「史上最大の復活劇」照ノ富士の軌跡

左のグラフは、第73代横綱照ノ富士の大関陥落から横綱昇進までの軌跡です。平成29年9月場所に膝の怪我の影響で大関から陥落。その後番付を落とし、平成31年3月場所では序二段48枚目まで番付を下げました。

そこから史上最大の復活劇が始まります。その後の14場所を138勝30敗2休、勝率8割を超す成績で番付を駆け上がり、令和3年7月場所後に横綱に推挙されました。

かつて相撲界では「公傷」制度があり、土俵上で怪我をした翌場所は全休しても番付据え置きになる救済措置がありました。しかし、現在は廃止され、出場しない分はすべて休場扱いになります。休場した分、番付は大きく下がりますが、休場前の力を取り戻しさえすれば、このようなV字回復も可能である世界といえます。

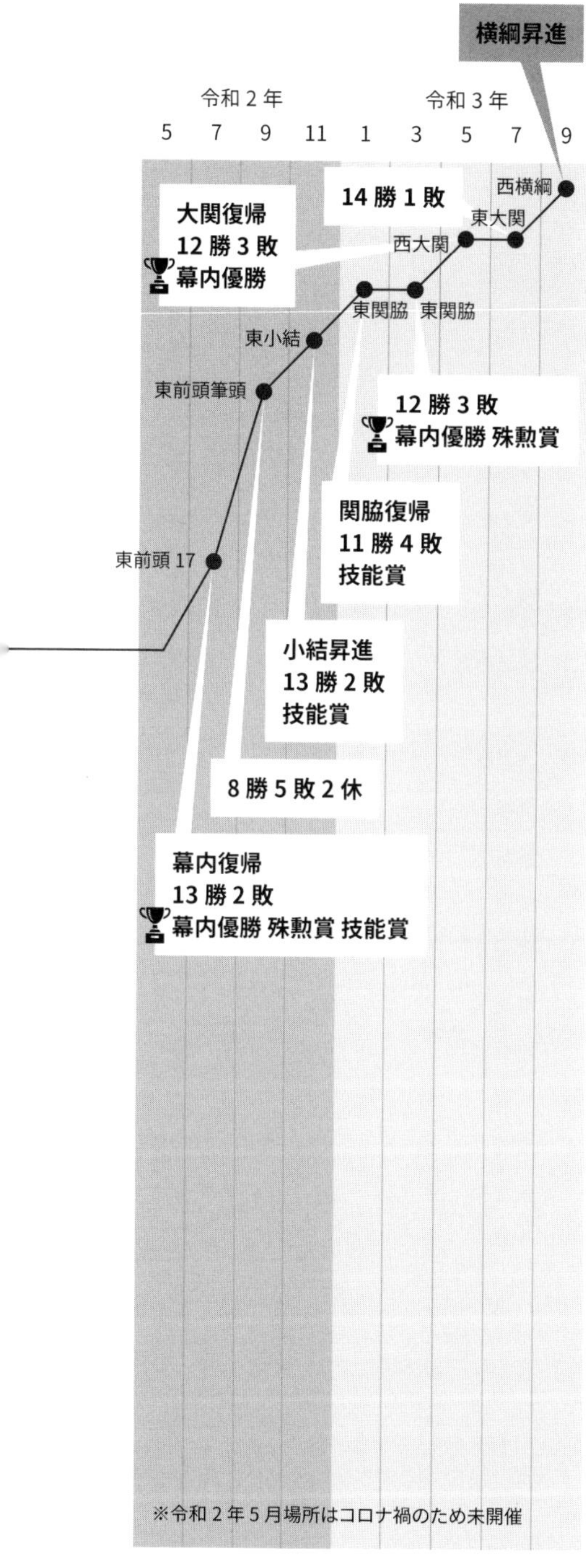

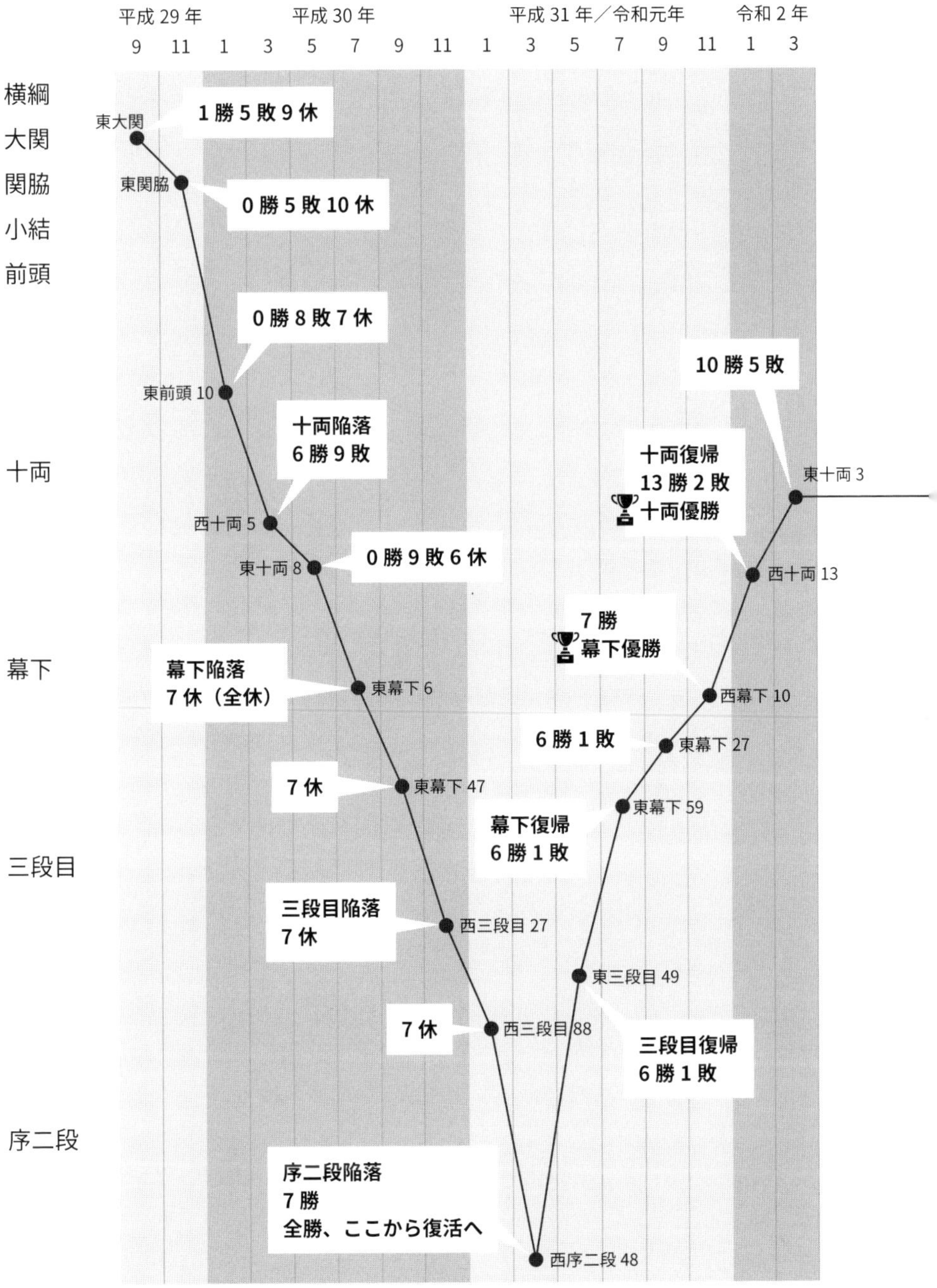
平成 29 年
平成 30 年
平成 31 年／令和元年
令和 2 年
9 11 1 3 5 7 9 11 1 3 5 7 9 11 1 3
横綱
大関
関脇
小結
前頭
十両
幕下
三段目
序二段
東大関
1 勝 5 敗 9 休
東関脇
0 勝 5 敗 10 休
0 勝 8 敗 7 休
東前頭 10
十両陥落
6 勝 9 敗
西十両 5
東十両 8
0 勝 9 敗 6 休
幕下陥落
7 休（全休）
東幕下 6
7 休
東幕下 47
三段目陥落
7 休
西三段目 27
7 休
西三段目 88
序二段陥落
7 勝
全勝、ここから復活へ
西序二段 48
東三段目 49
三段目復帰
6 勝 1 敗
東幕下 59
幕下復帰
6 勝 1 敗
東幕下 27
6 勝 1 敗
西幕下 10
7 勝
幕下優勝
西十両 13
十両復帰
13 勝 2 敗
十両優勝
東十両 3
10 勝 5 敗

三役昇降の実例（令和4年1月場所の三役争い）

この場所は14日目の時点で御嶽海、阿炎、琴ノ若の三者で優勝を争っていました。両小結はすでに負け越して平幕陥落が決定的。御嶽海の優勝、大関昇進も絡み、三役争いは千秋楽までもつれる激しい戦いとなりました。

◇14日目での各力士の状況

【御嶽海】優勝すれば大関昇進も。その場合、陥落が確実な隆の勝と合わせ、関脇が2枠空くことになる。

【隆の勝】勝って7勝とし、三役（小結）に留まれるか。

【若隆景】御嶽海据え置き、阿炎が12勝の場合は小結止まりもあるため、9勝目を挙げて関脇濃厚としたい。

【宇良】、**【逸ノ城】**、**【玉鷲】**小結昇進なるか。

【阿武咲】、**【豊昇龍】**勝って11勝なら一気に小結昇進も。

【阿炎】すでに11勝。横綱に勝ち、優勝争いも演じている。12勝を挙げて、御嶽海昇進の場合は関脇の可能性も。し

令和4年1月場所の番付と14日目までの成績

照ノ富士	11勝3敗		横綱			
貴景勝	1勝3敗10休		大関	正代	5勝9敗	
御嶽海	12勝2敗	優勝すれば大関に？	関脇	隆の勝	6勝8敗	1勝すれば三役留まる
明生	5勝9敗	三役陥落決定的	小結	大栄翔	6勝8敗	三役陥落決定的
若隆景	8勝6敗	三役復帰確実	前頭筆頭	霧馬山	5勝9敗	
宇良	7勝7敗	勝ち越せば可能性も	同2枚目	逸ノ城	7勝7敗	勝ち越せば可能性も
玉鷲	8勝6敗	9勝なら可能性も	同3枚目	遠藤	6勝8敗	
隠岐の海	4勝10敗		同4枚目	北勝富士	6勝8敗	
阿武咲	10勝4敗	周りの力士次第？	同5枚目	千代翔馬	4勝10敗	
豊昇龍	10勝4敗	周りの力士次第？	同6枚目	阿炎	11勝3敗	12勝なら一気に三役も

かし豊昇龍が11勝を挙げ、自身も11勝止まりだと番付半枚分不利になるうえ、若隆景が9勝し、かつ空きが2枠の場合は、上がっても前頭筆頭止まりになる。

◇千秋楽1勝のドラマ

阿炎が琴ノ若を破り12勝。豊昇龍も勝って11勝に伸ばします。玉鷲、阿武咲以外の有力力士は全員勝利。隆の勝も勝って三役残留の権利を残しました。御嶽海が結びの一番で照ノ富士に勝ち見事優勝。取組終了後、御嶽海の大関昇進確実が報じられます。これで三役の座は3枠空くことが濃厚となりました。9勝を挙げた若隆景と12勝の阿炎は関脇昇格がほぼ決定。残りの1枠は宇良と豊昇龍の争いとなりました。

場所後の番付編成会議にて東関脇に若隆景、西に阿炎、11勝が評価され豊昇龍が西小結に初昇格となりました。もし御嶽海が大関昇進しなかった場合、豊昇龍は前頭筆頭止まりの可能性がありました。そして宇良は惜しくも昇進ならず。阿武咲は10勝を挙げるも上位が渋滞したために、2枚上がっただけに終わりました。

令和４年３月場所の番付と１月場所の最終成績

照ノ富士	11勝4敗		横綱			
正代	6勝9敗		大関	貴景勝	1勝3敗10休	
				御嶽海	13勝2敗	優勝して大関昇進！
若隆景	9勝6敗	関脇昇格	関脇	阿炎	12勝3敗	７枚アップで関脇に
隆の勝	7勝8敗	最後の１勝で三役維持	小結	豊昇龍	11勝4敗	宇良を抑えて昇進
大栄翔	7勝8敗	負け越して三役陥落	前頭筆頭	宇良	8勝7敗	勝ち越すも昇進ならず
逸ノ城	8勝7敗	勝ち越すも昇進ならず	同２枚目	玉鷲	8勝7敗	９勝目逃し昇進ならず
阿武咲	10勝5敗	10勝挙げるも昇進ならず	同３枚目	明生	5勝10敗	

令和4年1月場所
千秋楽の取組結果

●	琴ノ若	阿炎	○
○	豊昇龍	碧山	●
○	照強	北勝富士	●
●	豊山	遠藤	○
●	玉鷲	石浦	○
●	栃ノ心	逸ノ城	○
○	宇良	千代丸	●
●	隠岐の海	霧馬山	○
○	若隆景	阿武咲	●
●	明生	大栄翔	○
●	宝富士	隆の勝	○
●	千代翔馬	正代	○
●	照ノ富士	御嶽海	○

番付昇降のドラマ２選

●昇進に納得ができず引退した神風

NHK 専属解説を長く務めた神風正一氏。現役時代は金星 6 個の成績を残した名力士でした。出世も期待されていましたが 28 歳と引退は早く、そのきっかけは番付編成に納得がいかなかったためと伝えられています。その場所の番付を知ったとき、「わたしの心は土俵から離れてしまった」というほどのショックを受けたそうです。

昭和 25 年春場所 東前頭 2 枚目だった神風は羽黒山、東富士の両横綱を破る内容で 9 勝の勝ち越し。東前頭筆頭の出羽錦も 8 勝で勝ち越しましたが 2 つの不戦勝を含んでおり、神風は出羽錦と並んで自身の三役復帰も間違いないという思いでいました。ところが昇格したのは、出羽錦のみ。神風は西前頭筆頭止まりとなりました。翌場所は初日から 5 連敗。引退の道を選びました。

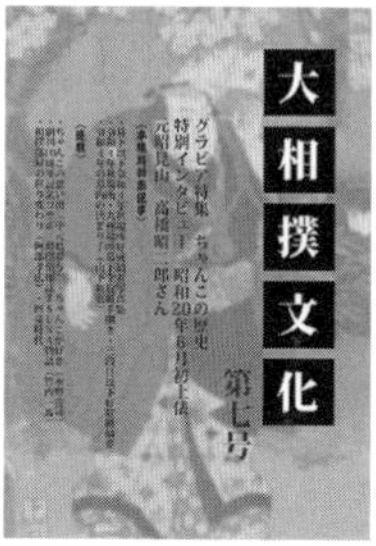

情報提供 大達羽左ェ門様【「大相撲文化」編集発行】
Twitter アカウント @OdateUzaemon

●大関に振り回され関脇に上がれない阿炎

大関は 2 場所連続で負け越すと陥落します。しかし翌場所は前場所の成績がどれだけ悪くても関脇に留まることになります。令和元年の阿炎は、十分な成績ながらも関脇に上がれない不遇の場所が続きました。

令和元年 5 月場所は西前頭 4 枚目で 10 勝。栃ノ心の大関復帰、逸ノ城の負け越しで関脇が 2 枠空きましたが、番付上位の御嶽海、玉鷲が勝ち越して小結止まりに。

令和元年 7 月場所は東小結で 8 勝。関脇玉鷲の負け越しで 1 枠が空きますが、貴景勝が大関陥落したため昇進できません。

令和元年 9 月場所は東小結で 9 勝を挙げ、関脇貴景勝の大関復帰で 1 枠が空きましたが、栃ノ心の大関陥落で昇進できず。

令和元年 11 月場所も東小結で 9 勝。両関脇が負け越して 2 枠空きますが髙安が大関陥落。さらに西小結 2 の朝乃山が 11 勝を挙げ、関脇に昇進しました。

その後、阿炎は一度三役から陥落しますが、令和 4 年春場所でようやく関脇に昇進しました。

情報提供 松山陽子様 YouTube「元力士・松ちゃんねる」
出演 https://www.youtube.com/@user-kn8nl8gl2g

第二章　取組編成編～次は誰と当たる？

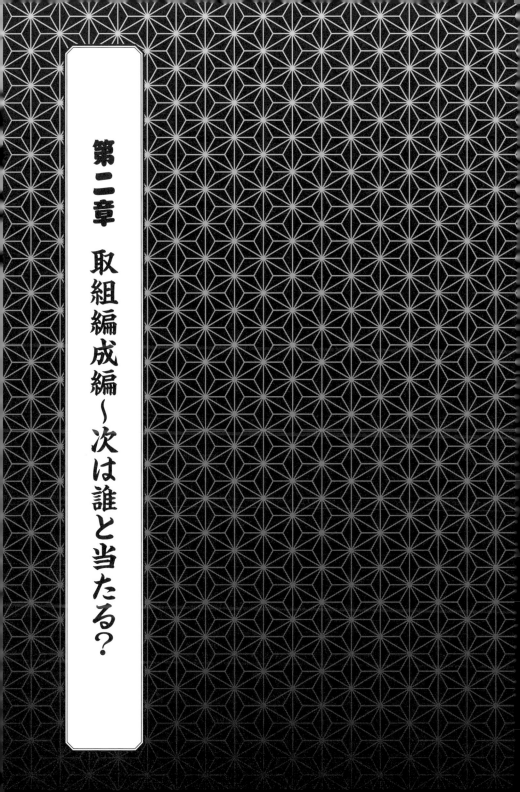

取組～誰と当たるのか

大相撲では試合のことを「取組」と呼びます。場所開催中は毎日、審判部による取組編成会議が行われ、正午までに翌日の全取組が決定します。千秋楽だけは14日目の全取組終了後に編成し、当日の夜に発表されます。

取組の原則

現在は「部屋別総当たり制」といい、兄弟など血の繋がり（4親等以内）がある場合を除いて、部屋が違えばすべての力士が当たる可能性があります。原則的に、幕内なら幕内同士、十両なら十両同士と対戦が組まれます。ただし、横綱がいきなり初日から幕内下位の力士と当たるわけではなく、幕内の中でも、幕内上位、中位、下位と大まかなブロック分けをして対戦が組まれていきます。

幕内上位の目安となるのは、**横綱が15日間対戦する力士**となります。横綱の一つ下から数えて15人で取組が組まれていきます。幕内上位は「上位総当たり」の厳しい

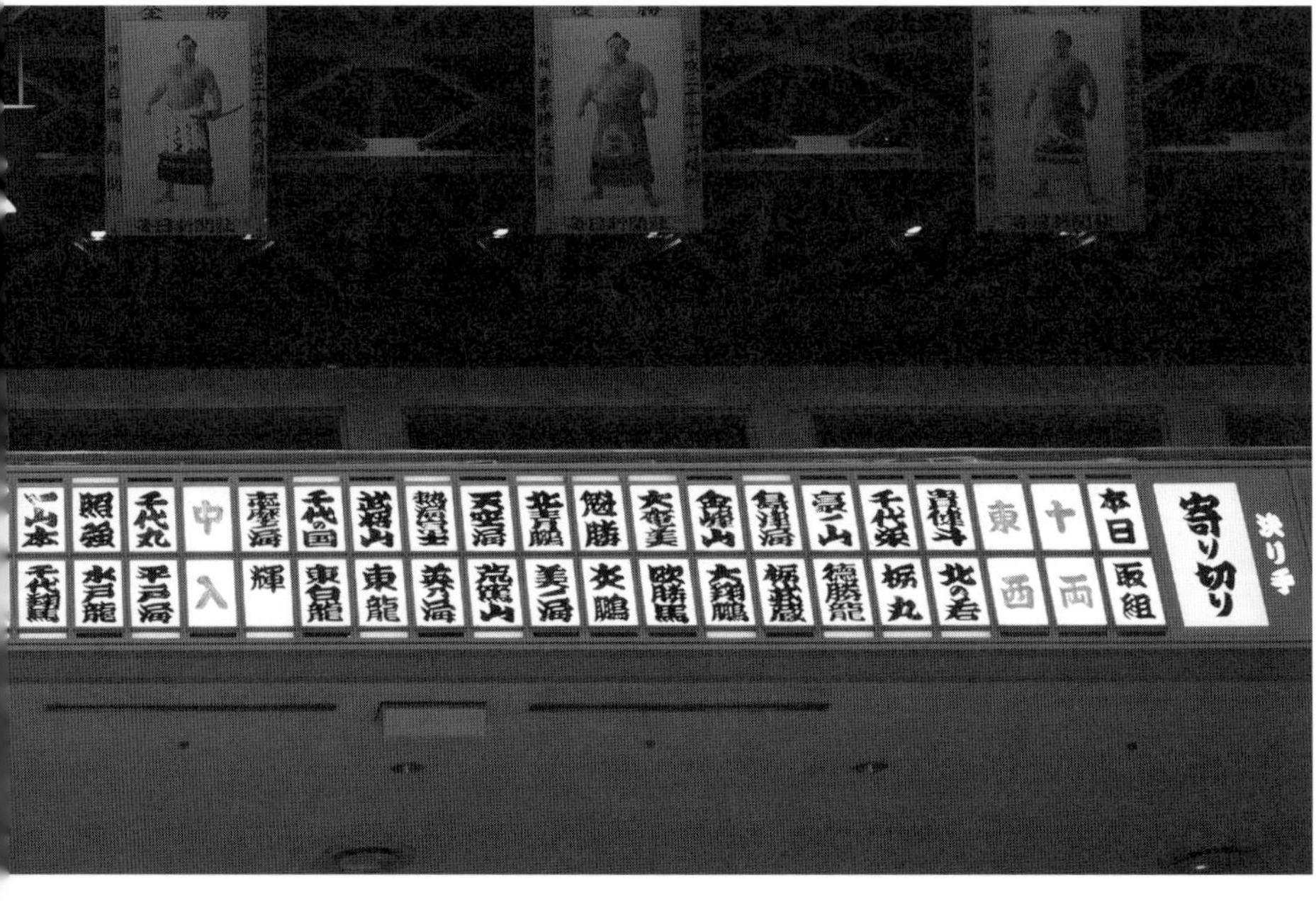

番付となり、実力者がひしめきあう、勝ち越すことも難しい地位です。**幕内中位、下位**に位置する力士は、**基本的に自分に近い番付同士**で当たっていきます。しかし場所途中まで好成績を挙げ、優勝戦線に食い込むような活躍を見せると、上位の成績優秀者との取組が組まれることもあります。

割を崩す

終盤になってくるとファン待望の横綱対横綱、横綱対大関など熱戦が組まれます。いよいよ場所もクライマックスといったところですが、この**定番が崩れる場合**があります。このことを「**割を崩す**」といいます。例えば、大関の不振による横綱戦の消滅です。場所の途中にすでに負け越しが決まった大関と、優勝の可能性がある横綱の対戦が残っていた場合、優勝争いの取組編成が優先され、その大関と横綱との対戦が組まれないことがあります。終盤の取組がどう組まれるかは、その後の優勝争いに大きく関わってきます。取組を予想する上で、割を崩すかどうかは頭に入れておきたい要素です。

NHK の相撲中継でもおなじみの、取組を表す電光掲示板。勝った力士にはランプが点灯する

取組結果表の見方

取組は番付の地位によって、おおよそのルールが決まっています。横綱、大関、関脇、小結、幕内上位、幕内中位、幕内下位で当たる地位や順番が異なります。37頁以降で各パターンを覚えておくと観方、楽しみ方が変わります。

例）令和４年５月場所の照ノ富士の場合

初日	2日目	3日目	4日目	5日目	6日目	7日目	8日目	9日目	10日目	11日目	12日目	13日目	14日目	千秋楽
●	○	○	○	○	●	○	●	○	○	○	○	○	○	○
大栄翔	髙安	霧馬山	琴ノ若	北勝富士	玉鷲	遠藤	隆の勝	翔猿	豊昇龍	阿炎	若隆景	貴景勝	正代	御嶽海

初日

照ノ富士	0勝1敗	横綱		
御嶽海		大関		正代
				貴景勝
若隆景		関脇		阿炎
豊昇龍		小結	初日 ●	大栄翔
髙安		前頭筆頭		逸ノ城
霧馬山		前頭二枚目		琴ノ若

東横綱の初日は西の小結との取組

↓

2日目

照ノ富士	1勝1敗	横綱		
御嶽海		大関		正代
				貴景勝
若隆景		関脇		阿炎
豊昇龍		小結	初日 ●	大栄翔
髙安	2日目 ○	前頭筆頭		逸ノ城
霧馬山		前頭二枚目		琴ノ若

2日目は前頭筆頭との取組

↓

3日目

照ノ富士	2勝1敗	横綱		
御嶽海		大関		正代
				貴景勝
若隆景		関脇		阿炎
豊昇龍		小結	初日 ●	大栄翔
髙安	2日目 ○	前頭筆頭		逸ノ城
霧馬山	3日目 ○	前頭二枚目		琴ノ若

3日目は前頭２枚目との取組

横綱の取組（令和４年５月場所）

東		番付		西
照ノ富士	12勝3敗	横綱		
御嶽海	千秋楽 ○	大関	14日目 ○	正代
			13日目 ○	貴景勝
若隆景	12日目 ○	関脇	11日目 ○	阿炎
豊昇龍	10日目 ○	小結	初日 ●	大栄翔
高安	2日目 ○	前頭筆頭		逸ノ城
霧馬山	3日目 ○	前頭２枚目	4日目 ○	琴ノ若
北勝富士	5日目 ○	前頭３枚目	6日目 ●	玉鷲
遠藤	7日目 ○	前頭４枚目	8日目 ●	隆の勝
阿武咲		前頭５枚目	9日目 ○	翔猿
宇良		前頭６枚目		若元春
宝富士		前頭７枚目		琴恵光
志摩ノ海				照強
琴勝峰				栃ノ心
隠岐の海				錦木
碧山				千代翔馬
妙義龍				佐田の海
千代大龍				明生
王鵬				豊山
東龍				一山本
石浦				翠富士
荒篤山				輝

序盤は前頭筆頭から

終盤戦は三役と

初日の定番

東横綱は慣例で初日は西の小結と当たります。その後は前頭筆頭から順に、自分の１つ下の番付から 15 人目までの力士と対戦が組まれています。前頭戦が済んだあとは、三役陣の下から上へと当たっていきます。この場所は序盤に苦戦したものの、役力士には圧倒的な強さを見せ、見事優勝を飾りました。

大関の取組（令和３年５月場所）

東		番付		西
白鵬		横綱		
朝乃山		大関	12勝3敗	貴景勝
正代	14日目 ○	大関	千秋楽 ○	照ノ富士
髙安	11日目 ○	関脇		隆の勝
御嶽海	2日目 ●	小結	9日目 ●	大栄翔
若隆景	初日 ○	前頭筆頭	3日目 ○	北勝富士
明生	4日目 ○	前頭 2 枚目	6日目 ○	翔猿
碧山		前頭 3 枚目		千代の国
霧馬山	5日目 ○	前頭 4 枚目	8日目 ○	妙義龍
豊昇龍	7日目 ○	前頭 5 枚目	10日目 ○	阿武咲
英乃海		前頭 6 枚目	12日目 ○	逸ノ城
栃ノ心		前頭 7 枚目		宝富士
剣翔		前頭 8 枚目	13日目 ●	遠藤
志摩ノ海		枚目		輝
玉鷲				照強
琴ノ若				千代翔馬
琴恵光				隠岐の海
明瀬山				大奄美
竜電				千代大龍
魁聖				翠富士
石浦		目		千代丸
天空海		17 枚目		

例外的に組まれた

横綱と同様、基本は幕内上位と当たっていきますが、この場所は前頭 3 枚目の両力士が途中休場となり、12 日目に西前頭 6 枚目の逸ノ城との対戦が組まれています。東前頭 6 枚目の英乃海は 6 日目から 6 連敗と成績が奮わなかったため、13 日目の相手は優勝戦線にいた西前頭 8 枚目の遠藤が抜擢されます。貴景勝は敗れ、優勝争いに 2 差が付く痛い星となりました。

割を崩した大関の取組（令和４年１月場所）

東		番付		西
照ノ富士		横綱		
貴景勝		大関	6勝9敗	正代
御嶽海	11日目 ●	関脇	10日目 ●	隆の勝
明生	9日目 ●	小結	3日目 ●	大栄翔
若隆景	4日目 ○	前頭筆頭	初日 ○	霧馬山
宇良	2日目 ○	前頭 2 枚目	6日目 ●	逸ノ城
玉鷲	5日目 ●	前頭 3 枚目	8日目 ○	遠藤
隠岐の海	7日目 ●	前頭 4 枚目	12日目 ○	北勝富士
阿武咲	13日目 ●	前頭 5 枚目	千秋楽 ○	千代翔馬
豊昇龍	14日目 ●	前頭 6 枚目		阿炎
高安		前頭 7 枚目		宝富士
英乃海		前頭 8 枚目		翔猿
千代の国		前頭 9 枚目		志摩ノ海
妙義龍				天空海
佐田の海				照強
石浦				千代大龍
千代丸				豊山
琴ノ若				一山本
若元春				栃ノ心
碧山				剣翔
琴恵光				魁聖
王鵬				

横綱との取組がない

この場所の正代は序盤から負けが込み、早々と優勝戦線から脱落します。終盤には通常であれば横綱との一番が組まれるところですが、照ノ富士と優勝戦線に残っていた阿炎との一番が組まれたため、この場所の横綱と大関の取組はなくなりました。

関脇の取組（令和４年５月場所）

東		番付		西
照ノ富士	12日目 ●	横綱		
御嶽海	11日目 ○	大関	10日目 ○	正代
			9日目 ○	貴景勝
若隆景	9勝6敗	関脇	千秋楽 ○	阿炎
豊昇龍	5日目 ●	小結	4日目 ●	大栄翔
高安	6日目 ○	前頭筆頭		逸ノ城
霧馬山	7日目 ●	前頭２枚目	8日目 ●	琴ノ若
北勝富士	初日 ○	前頭３枚目	2日目 ●	玉鷲
遠藤	3日目 ○	前頭４枚目	13日目 ○	隆の勝
阿武咲		前頭５枚目		翔猿
宇良	14日目 ○	前頭６枚目		若元春
宝富士		前頭７枚目		琴恵光
志摩ノ海		前頭８枚目		照強
琴勝峰				栃ノ心
隠岐の海				錦木
碧山				千代翔馬
妙義龍				佐田の海
千代大龍				明生
王鵬				豊山
東龍				一山本
石浦				翠富士
荒篤山				輝

序盤は幕内上位との取組

終盤は横綱、大関との取組

若隆景は前場所に優勝した最注目の力士でした。横綱、大関戦は終盤まで組まれず、序盤は小結、幕内上位との対戦が組まれていきます。ここでは思うような成績を残せませんでしたが、終盤の上位戦になると３日連続で大関を破るなど白星を重ねて、翌場所の大関取りにわずかに希望を残す結果となりました。

小結の取組（令和４年３月場所）

東		番付		西
照ノ富士		横綱		
正代	2日目 ○	大関		貴景勝
			4日目 ●	御嶽海
若隆景	6日目 ●	関脇	5日目 ●	阿炎
隆の勝	4勝11敗	小結	7日目 ●	豊昇龍
大栄翔	9日目 ●	前頭筆頭	10日目 ○	宇良
逸ノ城	8日目 ●	前頭２枚目	3日目 ●	玉鷲
阿武咲	11日目 ●	前頭３枚目	初日 ●	明生
霧馬山		前頭４枚目		遠藤
宝富士	13日目 ○	前頭５枚目	12日目 ○	石浦
北勝富士		前頭６枚目		琴ノ若
髙安		前頭７枚目	14日目 ●	隠岐の海
千代翔馬		前頭８枚目	千秋楽 ●	佐田の海
翔猿		前頭９枚目		若元春
志摩ノ海		枚目		碧山
妙義龍				照強
琴恵光				千代大龍
千代丸				千代の国
琴勝峰				豊山
天空海				栃ノ心
錦木				荒篤山
輝		枚目		一山本

２日目以降は上位陣との取組が続く

西の横綱が不在のため初日は平幕と

西の横綱が不在のため、初日は平幕力士と当たります。しかし、２日目以降は立て続けに三役クラスとの取組が組まれていきます。隆の勝は大関正代から白星を挙げますが、その他の力士には跳ね返され、終盤もそのまま調子が上がることなく11敗の大敗で場所を終えました。難しい地位と言えます。

前頭上位の取組（令和４年９月場所）

東		番付		西
照ノ富士	5日目 ○	横綱		
貴景勝	6日目 ○	大関	4日目 ○	正代
			10日目 ○	御嶽海
若隆景	7日目 ●	関脇	初日 ○	豊昇龍
大栄翔	2日目 ○	関脇		
阿炎		小結		逸ノ城
		小結		霧馬山
翔猿	14日目 ○	前頭筆頭		翠富士
琴ノ若		前頭 2 枚目	9日目 ○	明生
玉鷲	13勝2敗	前頭 3 枚目		宇良
錦木	3日目 ○	前頭 4 枚目	千秋楽 ○	髙安
宝富士		前頭 5 枚目	8日目 ○	佐田の海
若元春	12日目 ●	前頭 6 枚目		遠藤
碧山		前頭 7 枚目		阿武咲
栃ノ心		前頭 8 枚目	11日目 ○	北勝富士
妙義龍		前頭 9 枚目		琴恵光
錦富士	10日目 ○	前頭 10 枚目		隆の勝
琴勝峰		前頭 11		千代大龍
隠岐の海		前頭		竜電
一山本		前		王鵬
千代翔馬		前		豊山
照強		前頭		剣翔
水戸龍		前頭 16		平戸海

序盤から上位陣との取組が続く

幕内上位の力士は序盤から三役以上との取組が組まれます。役力士との対戦が終わった後は同じ平幕力士との取組となるので、序盤で勝ち星を多く挙げられれば、場所後の好成績が期待できます。この場所の玉鷲は役力士をほぼ完封したのち、髙安との優勝争いを制して見事栄冠を手にしました。

前頭中位の取組（令和４年５月場所）

東		番付		西
照ノ富士		横綱		
御嶽海		大関		正代
				貴景勝
若隆景		関脇		阿炎
豊昇龍		小結		大栄翔
髙安		前頭筆頭		逸ノ城
霧馬山	12日目 ○	前頭２枚目	千秋楽 ●	琴ノ若
北勝富士		前頭３枚目		玉鷲
遠藤		前頭４枚目		隆の勝
阿武咲		前頭５枚目	2日目 ●	翔猿
宇良	5日目 ○	前頭６枚目	９勝６敗	若元春
宝富士	初日 ○	前頭７枚目	6日目 ●	琴恵光
志摩ノ海	3日目 ○	前頭８枚目	4日目 ○	照強
琴勝峰	7日目 ●	前頭９枚目	9日目 ●	栃ノ心
隠岐の海	10日目 ○	前頭 10 枚目		錦木
碧山	8日目 ○	前頭 11 枚目		千代翔馬
妙義龍		前頭 12 枚目	11日目 ●	佐田の海
千代大龍		前頭 13 枚目		明生
王鵬		前頭 14 枚目		豊山
東龍	13日目 ○	前頭 15 枚目	14日目 ○	一山本
石浦		前頭 16 枚目		翠富士
荒篤山		前頭 17 枚目		輝

成績が好調だと
幕内上位との
取組も発生

この場所は前頭５枚目までが幕内上位となったので、６枚目以降はその下の力士同士と対戦します。ただし、終盤は成績によって変わる場合もあり、比較的好成績だった若元春は、同じく好調の２枚目の霧馬山、琴ノ若との一戦も組まれました。

前頭下位の取組（令和４年５月場所）

東		番付		西
照ノ富士		横綱		
御嶽海		大関		正代
				貴景勝
若隆景		関脇		阿炎
豊昇龍		小結	13日目 ●	大栄翔
高安		前頭筆頭		逸ノ城
霧馬山		前頭 2 枚目		琴ノ若
北勝富士		前頭 3 枚目	千秋楽 ●	玉鷲
遠藤		前頭 4 枚目	12日目 ●	隆の勝
阿武咲		前頭 5 枚目		翔猿
宇良		前頭 6 枚目	14日目 ●	若元春
宝富士		前頭 7 枚目		琴恵光
志摩ノ海	11日目 ●	前頭 8 枚目		照強
琴勝峰	10日目 ○	前頭 9 枚目		栃ノ心
隠岐の海		前頭 10 枚目		錦木
碧山	6日目 ●	前頭 11 枚目	9日目 ○	千代翔馬
妙義龍	4日目 ○	前頭 12 枚目	8日目 ○	佐田の海
千代大龍	7日目 ●	前頭 13 枚目		明生
王鵬	5日目 ○	前頭 14 枚目	3日目 ○	豊山
東龍		前頭 15 枚目	8 勝 7 敗	一山本
石浦		前頭 16 枚目	初日 ○	翠富士
荒篤山	2日目 ○	前頭 17 枚目		輝

優勝を狙える
成績ならば
三役との
取組も発生

下位の力士は本来下位同士、あるいは十両との取組が組まれますが、場所の途中で優勝争いに加わるような好成績を上げると、上位との対戦に抜擢されます。一山本は 10 日目までで 8 勝 2 敗の成績で大勝ちが期待されましたが、12 日目に 4 枚目隆の勝、13 日目に小結大栄翔戦など上位戦が組まれ、結果 5 連敗を喫して 8 勝 7 敗で場所を終えました。

十両の取組・入れ替え戦（令和４年３月場所）

東		番付		西
琴恵光		前頭 12 枚目		千代大龍
千代丸		前頭 13 枚目		千代の国
琴勝峰		前頭 14 枚目		豊山
天空海		前頭 15 枚目		栃ノ心
錦木	9日目 ●	前頭 16 枚目		荒篤山
輝	14日目 ○	前頭 17 枚目	千秋楽 ●	一山本
王鵬	2日目 ●	十両筆頭	3日目 ○	剣翔
東龍	初日 ○	十両 2 枚目	8 勝 7 敗	英乃海
魁聖	7日目 ●	十両 3 枚目	6日目 ○	東白龍
朝乃若	4日目 ●	十両 4 枚目	5日目 ○	魁勝
大奄美	8日目 ●	十両 5 枚目	12日目 ○	錦富士
翠富士		十両 6 枚目	10日目 ○	松鳳山
水戸龍	13日目 ○	十両 7 枚目		徳勝龍
矢後		十両 8 枚目		大翔丸
大翔鵬		十両 9 枚目		武将山
北の若		十両 10 枚目		美ノ海
平戸海		十両 11 枚目	11日目 ●	炎鵬
白鷹山		十両 12 枚目		熱海富士
竜電		十両 13 枚目		島津海
貴健斗		十両 14 枚目		琴裕将
千代嵐		幕下筆頭		栃丸
菅野		幕下 2 枚目		朝乃山

成績次第で
幕内下位との
取組も発生

成績によっては上の地位との対戦が組まれる場合があります。十両の英乃海は、千秋楽に幕尻で７勝７敗の一山本との取組が組まれます。この時点で幕内から十両へ降格は３人、昇格は英乃海以外の３力士が濃厚でした。勝てば一山本も必然的に降格し、入れ替わりで英乃海は幕内復帰が期待できましたが、残念ながら敗れて幕内復帰は叶いませんでした。

これが出ると珍しい！土俵上のレアケース

大相撲の土俵上で、あまり見られない珍しい技や取組があると、「○年ぶり○度目」「大相撲史上初」などと取り上げられているのを目にしたことがある人も多いのではないでしょうか。ここでは、そんな土俵上の「レアケース」をいくつか紹介します。

文・飯塚さき

勝負編

・水入り／引き分け

水入りは、十両以上の土俵で、取組時間が長くなったとき（目安は4分）に、審判団の判断・承諾で行司が取組を一時中断させることです。両力士が止まった状態で一時中断し、力水をつけて休憩。その後、中断前の状態に戻って取組を再開します。2度目の水入りとなった場合は取り直し、それでも決着がつかない場合は引き分けになります。直近の幕内での引き分けは、昭和49年9月場所11日目の前頭6枚目二子岳対10枚目三重ノ海戦。水入り後、二番後取り直しとなるも決着がつかず引き分けとなり、これ以降出ていません。

・二番後取り直し

幕下以下の土俵の場合は、水が入るのではなくいきなり「二番後取り直し」となります。令和2年9月場所2日目、西序二段105枚目の京の里と東序二段106枚目の大翔城の対戦で起こりました。二番目も1分23秒と長い相撲になりましたが、上手をつかんだ京の里が寄り切りで制しました。

・痛み分け

取組中に、一方または両方の力士が負傷し、相撲が続けられなくなってしまった場合、引き分けにすることです。近年は、片方の力士が負傷した場合は相手の不戦勝になります。痛み分けは、幕内ではほとんどなく、昭和33年9月場所4日目の鳴門海と若葉山の対戦が最後です。その他では、平成30年5月場所10日目の竜電対北勝富士の対戦。不成立となった2度目の立ち合いの後、北勝富士が脳しんとうの症状で動けなくなります。結果、4度目の立ち合いで成立、竜電がはたき込みで勝ちましたが、北勝富士は翌日から休場。60年ぶりの痛み分けとなりそうな取組でした。

・3人以上の優勝決定戦

3人で行われる優勝決定戦は「巴戦」と呼ばれ、くじ引きで対戦順が決められます。2人の相手を連続で倒した力士が優勝で、令和4年11月場所で阿炎が高安、貴景勝を破り、見事初優勝を果たしました。

4人以上の場合は予選トーナメントが行われます。幕内では、過去に5人による決定戦がありました（平成8年11月場所）。1回戦は曙が不戦勝（シード）。勝ち上がった武蔵丸、貴ノ浪との巴戦が行われ、武蔵丸が優勝しました。

技編

・一本背負い

柔道の技としてよく知られている一本背負いですが、相撲でも稀に出ることがあります。令和3年9月場所9日目、豊昇龍が若隆景を相手に見事な一本背負いを決めました。豊昇龍は、「当時は遊びみたいな感じでしたが」

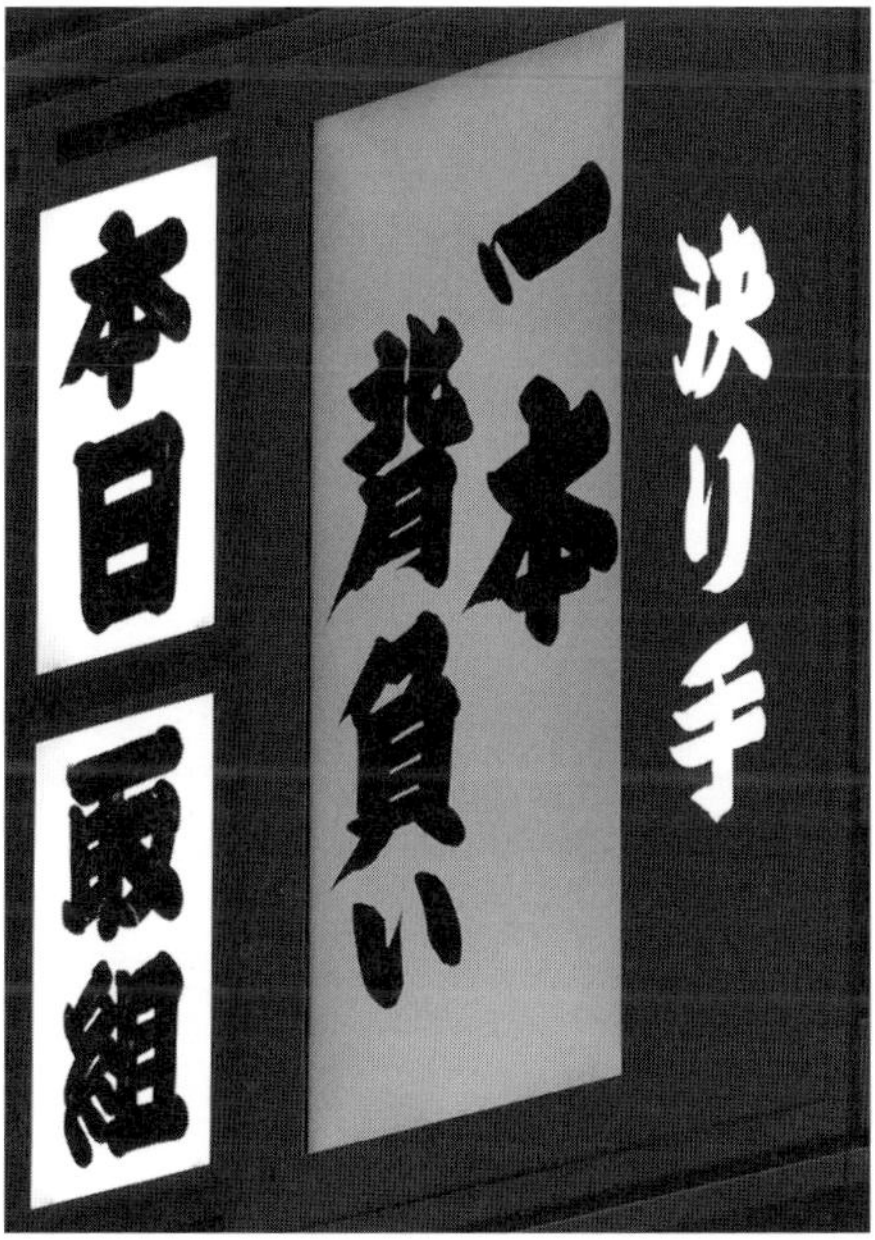

と謙遜するものの、5歳から柔道を習っていたそうです。その前は平成29年1月場所で、やはり柔道経験者である豪風が魁聖を相手に決めています。

・猫騙し

同じく立ち合いの奇襲で、相手の顔の前で手を叩き、相手に隙を作らせようとするもの。八艘飛びと同じく舞の海など小兵力士が使うイメージですが、平成27年11月場所10日目に横綱白鵬が関脇栃煌山に猫騙しをして物議を醸しました。

その他

・顔触れ言上（かおぶれごんじょう）

翌日の幕内の取組を相撲字で一番ずつ和紙に書き、土俵上で立行司が披露する儀式です。横綱土俵入りの後、中入りの時間に行われますが、中継にはほとんど映りません。

顔触れ言上で書かれる相撲字（参考）

<参考文献>

『大相撲力士名鑑』ベースボール・マガジン社、2022年1月20日

「序二段4分超の長期戦　水入り規定なく取り直し決着」日刊スポーツ、2020年9月14日

「あわや60年ぶり痛み分け　北勝富士、脳しんとうのような症状でクラクラ」スポーツ報知、2018年5月23日

日本相撲協会ホームページ「決まり手八十二手」

「【保存版】令和になってから幕内で1度もない大相撲の決まり手を一覧表にまとめてみた」日刊スポーツ、2022年9月10日

「27年ぶり珍手！宇良が鮮やか居反り」日刊スポーツ、2020年11月12日

「豊昇龍 鮮やか「一本背負い」これは柔道か？大相撲秋場所」NHK sports、2021年9月20日

第三章　技術編～言葉を知って楽しむ

大相撲の取組のルール

大相撲の取組の勝敗は、相手を土俵の外に出すか、相手の足の裏以外を地面に着けることによって決まります。また、禁じ手反則の技を使うと反則負けとなります。

土俵のサイズは直径15尺（約4・55m）の円形と決められています。いかに**相手を土俵から出す**か、投げ技などで**相手を倒す**か、両者の駆け引きや攻防戦の流れなど、短い時間ながら見どころはいっぱいあります。

大相撲には柔道やボクシングのような体重ごとの階級はなく、すべて**無差別級の戦い**となります。レフェリーに当たる人を**行司**と呼び、勝った力士に**軍配**を上げます。土俵下には5人の審判員がいて、行司の軍配に異議がある場合は「**物言い**」をつけて勝敗を協議します。協議の結果、勝敗が覆る場合や、取り直し（同じ相手との再試合）となることがあります。勝負を決めた技は「**決まり手**」として公表されます。決まり手は82手と5つの非技（勝負結果）があります（62頁参照）。

土俵の外に出る

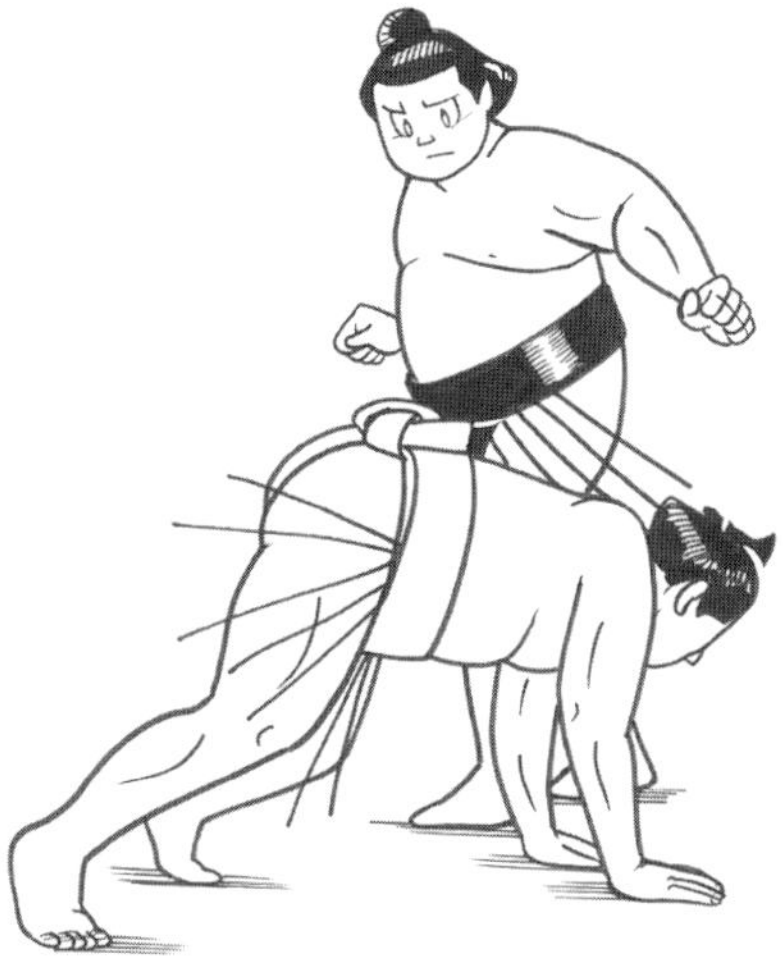

足の裏以外が地面に着く

握り拳で殴るなどの禁じ手反則については P.72 参照

代表的な力士の得意技分布

どの力士が、どの型が得意なのか。頭に入れて相撲を観ると、土俵上の攻防に有利、不利が見えてきます。「四つ」（「右四つ」「左四つ」）や「突き押し」（「突き」「押し」）などの言葉については、P.52 以降で説明します。

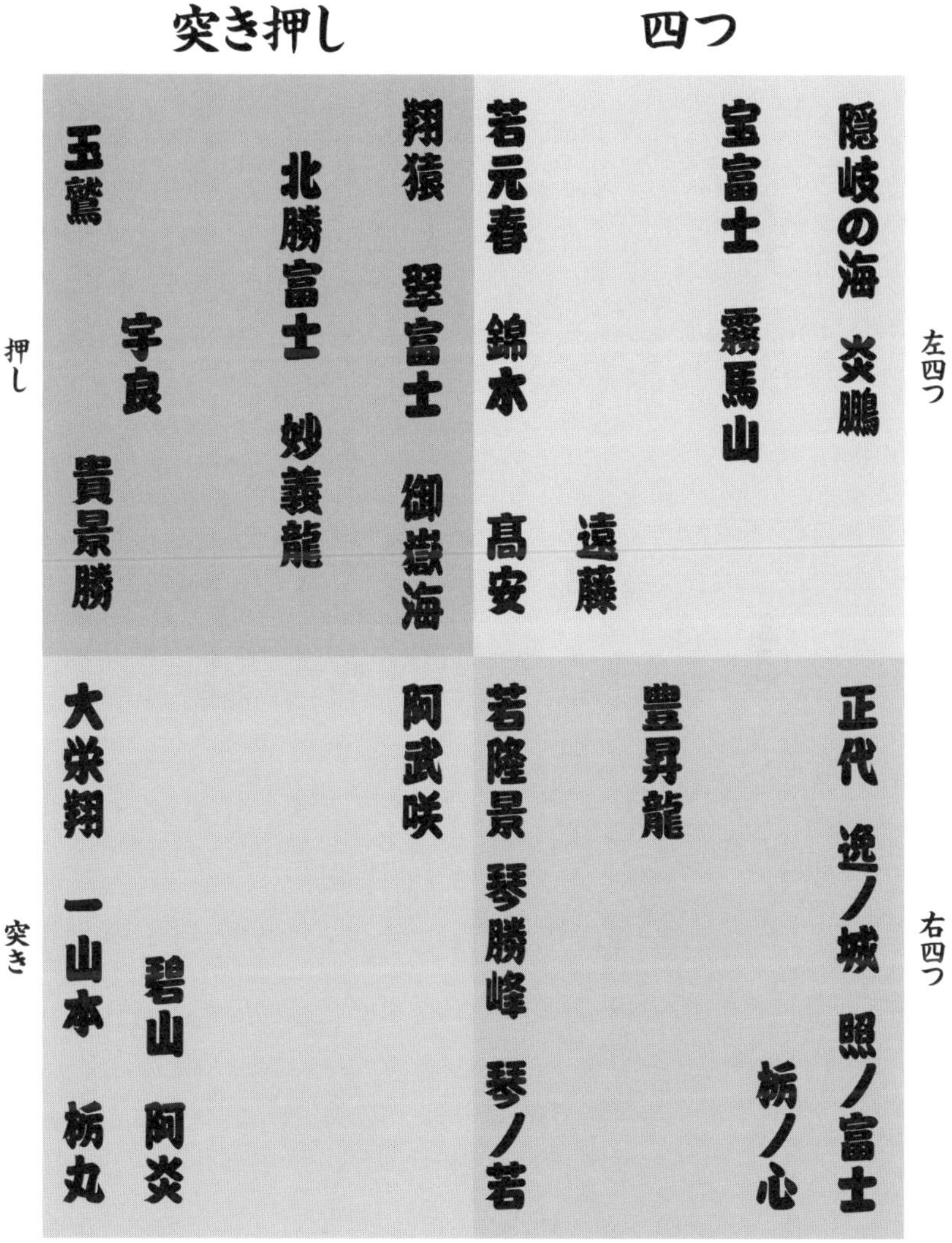

技に関する言葉を知っておこう

大相撲には独特の言い回しや専門的な用語があります。技を知り、取組を楽しむために必要な言葉を覚えておきましょう。下図のフローチャートの順に、大相撲を最大限に楽しむための言葉を説明します。

立ち合い

・**立《た》ち合《あ》い**……取組最初の瞬間のこと。呼吸を合わせ、お互いの両手が土俵に着いた瞬間に立ち上がり、相手に向かってぶつかっていく。立ち合いまでに呼吸を合わせる動作を**仕《し》切《き》り**、土俵上の2本の線を**仕《し》切《き》り線《せん》**という。立ち合い直後に一瞬で勝負が決まることもある。

・**嫌《きら》う**……立ち合いでタイミングを合わせられないこと。または相手の技を防ぐ動作のこと。

・**ぶちかます**……立ち合いで頭からぶつかること。

・**踏《ふ》み込《こ》む**……相手に向かって足を進めること。

・**張《は》る**……相手の顔を平手でたたくこと。技の名前とし

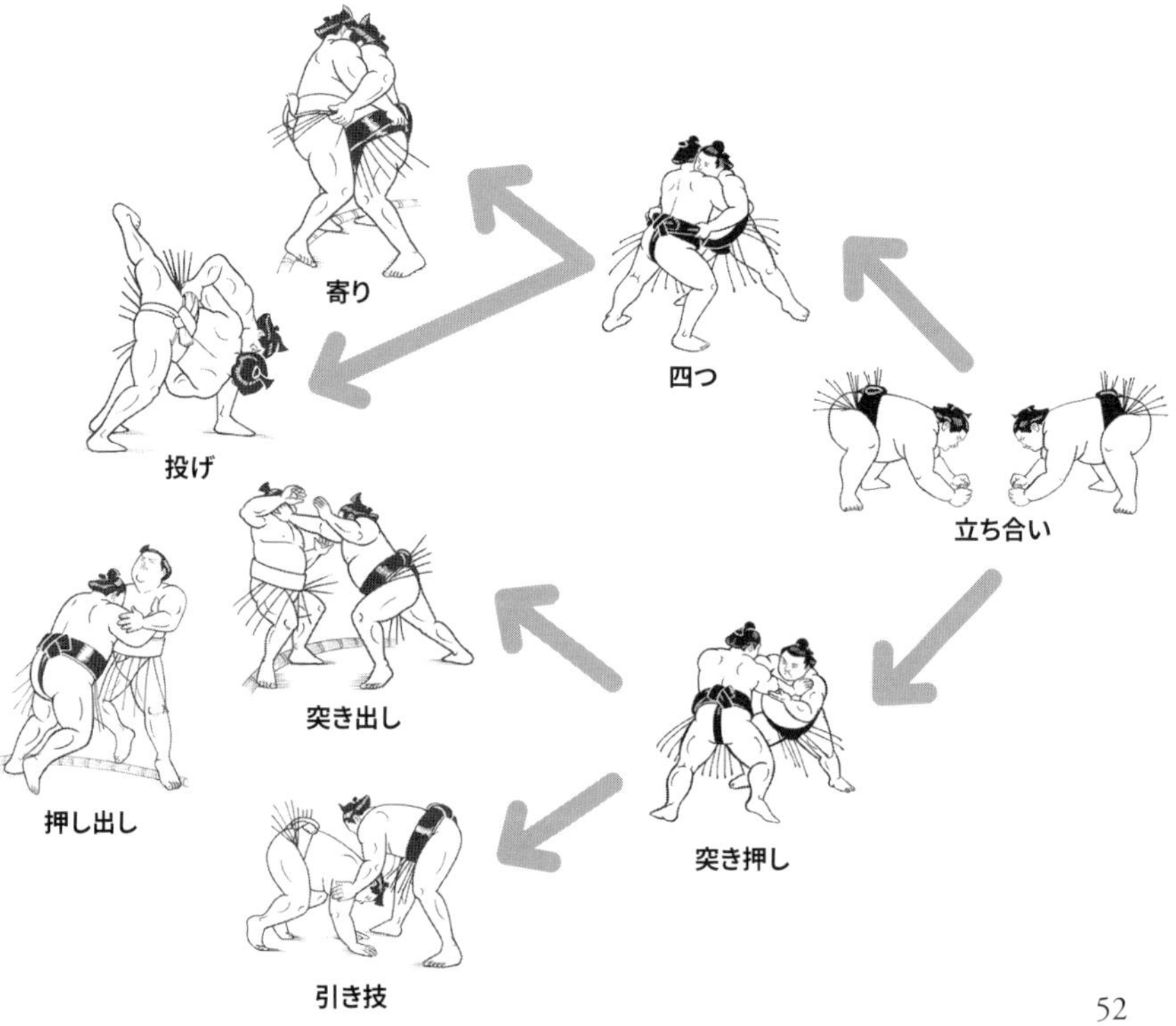

ては張《は》り手《て》。張ってから差すことを張《は》り差《さ》しという。

・かち上《あ》げ……立ち合いに肘を相手の体にぶつけ、下から跳ね上げる技。

・変化《へんか》する……立ち合いで正面からぶつからず、左右に体をかわすこと。動《うご》くまたは注文相撲《ちゅうもんずもう》という場合もある。

・前《まえ》さばき……相手が得意の形にならないよう攻める手を封じ、先手をとって自分の有利な体勢にすること。

四つ

・四《よ》つ……お互いの体が密着した状態で、一方または両者が差して組んでいる状態。廻しをつかんでいなくても組み合っていれば四つの状態といえる。右手を相手の左腕の下に差した状態を右四《みぎよ》つ、逆に左手を相手の右腕の下に差した状態を左四《ひだりよ》つという。両方の腕を相手の両腕の下に入れた状態をもろ差《ざ》し、相手にもろ差しをされた状態を外四《そとよ》つ、そのまま廻しを取ると両上手《りょううわて》という。また、得意の四つが同じ力士が戦う場合を相四《あいよ》つ、異なる場合をケンカ四《よ》つという。

・廻《まわ》し……大相撲の取組で着用する褌《ふんどし》のこと。体の正面で横になっている部分を前《まえ》みつまたは前廻《まえまわ》し、体の左右にある部分を横《よこ》みつ、股間を縦に覆っている部分を縦《たて》みつ（前縦褌、前袋）という。縦みつをつかむと反則になる。体の背中側にある廻しの部分は後《うし》ろ廻《まわ》しという。相手の廻しをつかむことを廻《まわ》しを取《と》る、取られた廻しから相手の手を外すことを廻《まわ》しを切《き》るという。十両以上の廻しは締《し》め込《こ》みという。

・上手《うわて》……四つで相手の腕の外側から廻しを取ること。

・下手《したて》……四つで相手の腕の内側から廻しを取ること。

・差《さ》す……相手の腕の内側に自分の腕を入れること。差し入れた手のことを差《さ》し手《て》、お互いが得意な側の腕を入れようとすることを差《さ》し手争《てあらそ》いと呼ぶ。

・胸《むね》が合《あ》う……四つに組んだ状態で互いに正面を向き合い、胸が付いている状態。大型力士に有利といわれる。

・がっぷり……互いに上手、下手を共に取り、正面から胸が合っている状態。

・半身《はんみ》……四つに組んでいるときに、一方の足を後方に引いて体が正対せずに斜めになっている体勢。

・形《かたち》（型）を作《つく》る……得意の形になること。体勢十分《たいせいじゅうぶん》という言葉でも表現される。

・**のぞく**……下手を浅く差している状態。
・**さぐる**……相手の廻しを取りにいくことを狙い、手を出していること。
・**巻**《ま》**き返**《かえ》**す**……四つの状態で自分の得意の形になるため上手から下手、または下手から上手に取り直すこと。
・**引**《ひ》**きつける**……廻しをつかんで自分の体側に寄せること。
・**腕**《かいな》**を返**《かえ》**す**……差した腕を内側に返して肘を上げること。相手は**上手**《うわて》**を切**《き》**られる**、またはそのまま腰を後方に引くと上手が取りづらくなる。
・**絞**《しぼ》**る**……相手の差してきた腕をつかんだ状態で内側に捻ること。下手を取らせない、または深く差させないようにする。絞りながら相手の体を起こす場合は、**絞**《しぼ》**り上**《あ》**げる**という。
・**頭**《あたま》**を付**《つ》**ける**……相手のあごの下に自分の頭を付けること。
・**抱**《かか》**え込**《こ》**む**……上手を取らずに相手の下手を抱えて密着する体勢。
・**極**《き》**める、閂**《かんぬき》……相手の差してきた手などの関節を極めて動きを封じること。両腕を極めると**閂**《かんぬき》になる。
・**寄**《よ》**る**……四つの状態から相手の廻しを取って押し込むこと。
・**腰**《こし》**を割**《わ》**る**……寄った状態で相手を土俵から出す際に、腰を下げて逆転技を防ぐ体勢。攻防の中で、腰が低い姿勢を取っているときにも用いる場合がある。
・**がぶる**……四つの状態で膝を使って自分の体を上下させながら寄り、相手の体を揺さぶること。がぶりながら寄ることを**がぶり寄**《よ》**り**という。
・**吊**《つ》**る**……両手で廻しをつかみ上げ、相手の体を浮き上がらせること。
・**投**《な》**げ**……四つの状態で相手を投げ倒すこと。または土俵の外に投げ出すこと。
・**掬**《すく》**う**……差し手で廻しを取らずに投げること。
・**小手投**《こてな》**げ**……相手の差し手を外側から抱え込み、肘を極めながら相手を投げる技。決まり手82手のひとつ(63頁)。相手の体勢を崩す目的で左右に振る場合は**小**《こ》**手**《て》**に振**《ふ》**る**という。
・**手繰**《たぐ》**る**……相手の腕をつかんで手前に引き寄せること。
・**掛**《か》**ける**……自分の足で相手の足を引っ掛けること。
・**捻**《ひね》**る**……自分の体を回転させるように捻って相手の体勢を崩すこと。
・**懐**《ふところ》**に入る**……相手の胸元に体を入れ、攻めること。

中《なか》に入《はい》るともいう。

- **懐《ふところ》が深《ふか》い**……懐は手と胸のあいだの空間のことで、長身で腕の長い力士は特に懐が深いと表現される。
- **無双《むそう》**……組んだ状態で相手の腿のあたりを手で払い体勢を崩す技。仕掛けることを**無双《むそう》を切《き》る**という。そのまま勝負が決まると、**内無双《うちむそう》**、**外無双《そとむそう》**（68頁）になる。
- **泉川《いずみかわ》**……片方の手を小手に取り、反対の手で相手の胸あたりを押す体勢。そのまま土俵の外に出すと**割《わ》り出《だ》し**、**極《き》め出《だ》し**（71頁）になる。

突き押し

- **突《つ》っ張《ぱ》る**……離れた状態から手のひらで相手を**突《つ》く**こと。両手で同時に突っ張ることをもろ**手突《てづ》き**という。
- **突《つ》き放《はな》す**……強く突くことで相手の体を遠ざけること。
- **突《つ》き起《お》こす**……下から突いて相手の上体を上に上げていくこと。
- **かっぱじく**……相手と正対した状態で体を開きながら、片手を相手の脇腹や肩めがけて斜め下に叩きつけて体勢を崩すこと。相手がそのまま倒れると**突《つ》き落《お》とし**（67頁）になる。
- **突《つ》き上《あ》げる**……下から上へ突っ張ること。
- **押《お》す**……相手の体に手を当てた状態で力を加えること。
- **ハズ**……親指と他の4本の指をY字に開くこと。ハズにした手を相手の脇の下や胸、腹などに当てて押すことを**ハズ押《お》し**、両手がハズの場合は**もろハズ**という。
- **のど輪《わ》**……ハズにした手を相手の喉に押し当てること。
- **おっつけ**……手を前に出し脇を締め、出した手を相手の肘、脇の下に当てて押し込むと同時に、相手の差し手を自分の肘で固めて防御をする、攻防一体の形。
- **いなす**……相手が押し込んできたときに、つっかえ棒を外すように左右に身をかわすこと。
- **体《たい》を開《ひら》く**……相手と離れた位置にあるときに体を左右いずれかに移動すること。
- **叩《はた》く**……体を開き、相手の肩や背中を叩いて倒すこと。
- **引《ひ》く**……相手の体を手前に引くこと。引く動きを総称して**引《ひ》き技《わざ》**と呼ぶ。
- **送《おく》る**……相手の後方に回り込み、寄りや投げで攻めること。

立ち合いの攻防

秀ノ山親方
（元大関 琴奨菊）

ここから P.61 まで秀ノ山親方による技術解説をお楽しみください。イラストとその名称は、その技や流れの結果で頻出する型や決まり手になります。

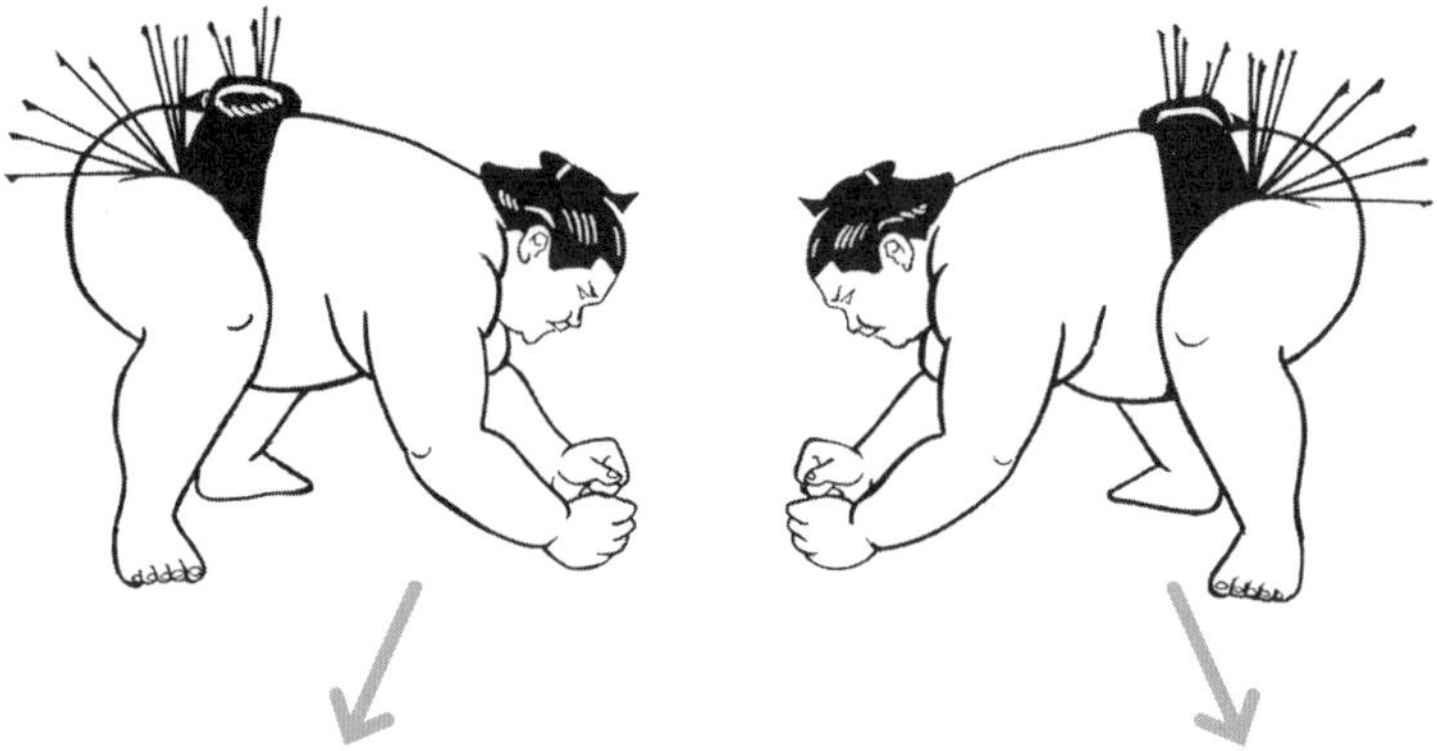

もろ手突き

阿炎が得意ですね。もろ手を出したときに大事なことは、懐の使い方。手と胸の空間を潰されないよう保たないといけないです。立ち合いで思いっきり踏み込んでもバランスが崩れるので、前に出ればよいというわけではないです。一歩目はその場でもいいから、しっかり前に手を突き出して、肘が負けないようにすることです。

突き押し

廻しを取る

内側から切り込むのが得意な力士を例に出すと、妙義龍。肩幅を相手より狭くして、両腕で内側に小さな円を描くように相手に当たります。腕の形をアルファベットの「X」のように交差させ、相手の脇と脇の間にスポッと入るような感覚です。当たった後はそこで終わらずに、差して腕を返すまでつながるように動いていきます。

四つ

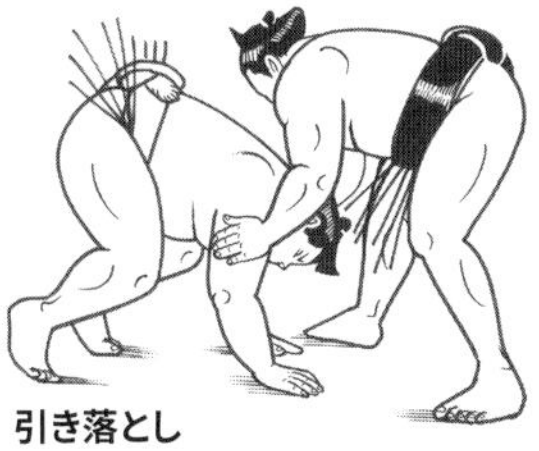

引き落とし

張り差し

相手の動きを止めることに特化しています。張り手を受けた相手は反射的に動きが止まるので、立ち合いの圧力を軽減させるのが狙い。張り差しは横からの場合だけではなく、下から上に張ることもあります。自分が優勝した場所の 14 日目に、栃煌山（現・清見潟親方）に決めたことがあります。

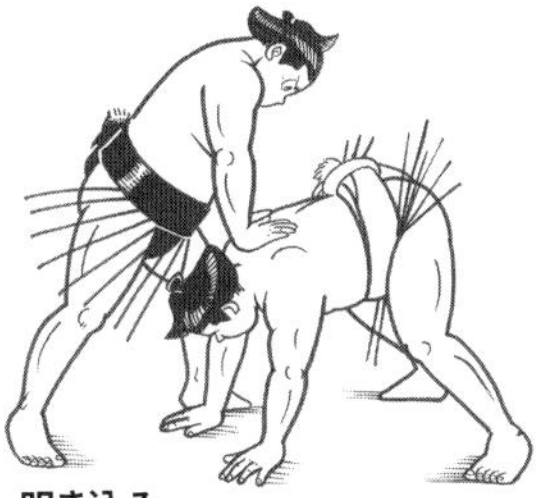

叩き込み

かち上げ

相手の出鼻をくじきます。髙安が得意ですが、かち上げることによって相手の中心軸をしっかりと跳ね上げ、体のポイントをずらすという感じです。自分の間合いで相撲が取れるようにという効果もあります。

足取り

変化技

足取りが得意な照強などは、相手の足がどちらから出るかを考えてビデオで研究したりしていると思います。相手の動きより上をいかなければ決まりません。突き押し相撲には効果的です。四つ相撲だと向きを合わされて胸が合い不利になることもあるので注意です。右四つ得意な相手に右に回ると捕まるだけですから、相手を研究することが必要です。

仕切り線70センチの間隔に生き様をぶつける

秀ノ山和弘

ぶちかます、差しに行く、変化するなど、立ち合いには様々な形がありますが、立ったあとの動きは日ごろの稽古でやってきたことが自然と出てきます。私は立ち合いに相手の頭をかち割るような勢いで当たり、力士としての生き様をぶつけてきました。

立ち合いに馬力が出るのは、しっかり土俵の土を踏んでいるから。踏むことによって安定して力が出せます。番付下位だと踏み込みの弱い力士が多い。しっかり膝を曲げて、下半身から相撲を取る。強くなるためには四股、スリ足の基本稽古が大事です。基本は前に前に圧をかけていきますが、突っ込みすぎても圧力は抜けてしまいます。いかに相手を押せる体勢を作れるか。当たった瞬間に全集中して、打ち勝たないといけないんです。

今日の相手はどちらの足で踏み込んでくるのか。それとも差し手を狙ってくるのか。いろいろなことを想定し、相手の得意の形にさせないよう毎日研究していました。立ち合いは、力士がその日に練った対策の結果が表れます。仕切り線の間隔はたったの70センチ。その70センチは、自分の思ったことができる最後の瞬間です。そこに力士たちの生き様を見て欲しいと思います。

四つ　力と技で相手を制す

右四つ／左四つ

差している手（下手）が右なら右四つ、左なら左四つになります。

腕《かいな》を返す

相手から廻しを遠ざけるだけではない、攻めの形です。差した手の親指を下に向けると、肘が上を向き腕が返ります。腕を返すことにより、下手は受けから攻撃に変わります。自分の腕の下に空間ができることにより、動ける幅ができるんです。さらに相手の力を上に向けることができるので、圧力を軽くさせる効果もあります。

おっつけ／絞る

形は五木ひろしさんのコブシを振るフリのよう（安治川親方・談）。掌で相手を押し上げているだけではありません。肘で相手の手首をロックするんです。相手の手首が少しでも入ると一気に腕を返されて有利な下手を取られてしまいます。しっかり脇を締めて防御をしながら、掌で相手を上に押し上げます。おっつけは、攻防一体の技術です。

掬い投げ

寄り倒し

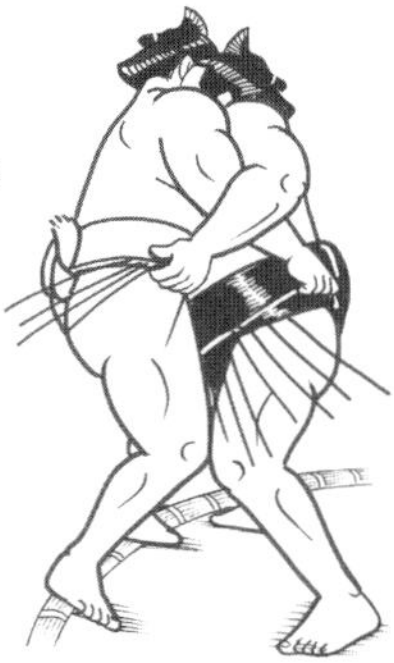

寄り切り

上手投げ

下手投げ

頭を付ける

攻防においては頭を付ける形というよりも、相手より重心が下にあり、膝を十分に曲げている体勢が取れているということが重要ですね。その体勢ができているからこそ、頭を付けられるということです。

小手投げ

抱え込む

大型力士が得意な、相手の動きを止める技です。抱え込みは罠を仕掛けて、あえて誘うこともあります。私も得意な動きですが、差させる→閉じ込めてロックする→どんどん圧力をかけていくという感じです。上手側の手の動きをわざと甘くして誘い込み、相手が差してきた瞬間は「きたっ!」という感じです。

極め出し

閂

肘から下を両腕で絞める技です。格闘技の関節技と同じで、肘の関節を極めてしまいます。肘の上を極めても意味はないですね。なろうと思ってなる体勢ではないですが、閂からの小手投げとか合わせ技につながることも多いですね。

蹴返し

蹴返し

どっちの足に体重がかかっているかを、見極めて掛けないといけません。幕内クラスの力士だと体感で相手がどっちの足に体重がかかっているかがわかります。体重がかかっている足を蹴って初めて効果があります。

突き押し

前に出るのは相撲の基本

突き／押し

相手からは離れた状態で手で突いていくのが突き。
密着した状態で前に出ていくのが押しです。

のど輪押し／ハズ押し

相手のくるポイントを予想しつつ、下から下から上げることです。玉鷲のような大型力士も得意ですが、上からは絶対にできない技なので、まずは必ず相手より小さくなって当たらなければいけません。

突き

まずは自分の懐に入り込ませない。そして「イチ、ニー、サン、シー……」と音楽のように自分のリズムで突くのが大事。リズムがない突きはどんどん脇が開いていき、隙を作ってしまいます。

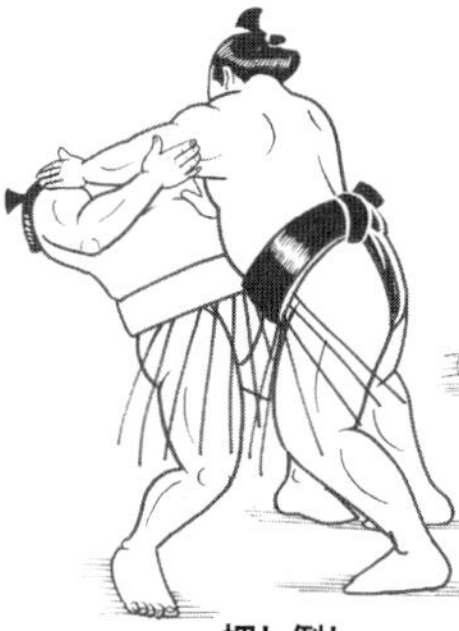

押し倒し

押し出し

突き倒し

突き出し

突き落とし

いなし

相手の圧力を感じながら、そこをさばく。安治川親方のいなしが印象的でした。相手を横にさばく動きですが、自分の重さが前にかかっていないと決まりません。しっかりと力を拮抗させて、押し返してきた相手のつっかえを外します。タイミングというよりも、感覚で決める感じです。

送り出し

跳ね上げる

相手の突っ張りに対して下から肘を跳ね上げます。ただし突っ張りが当たる前にやらないと相手の攻撃を受けて体が浮いていってしまいます。跳ね上げたあと、懐に入るのが目的です。

叩き込み

張り手

自分は現役時代にあまりやりませんでしたが、相撲は丸太同士のぶつかりあいのようで、流れの中で少しでもその丸太の軸をずらしたいと考えます。隙が見えない相手に対して、少しでも軸をずらして懐に入るチャンスを作ろうという動きです。

引き落とし

引き技

引くという決まり手よりも、途中の引き足の早さが大事です。相手が前に進むよりも早く動くことが大切です。引き技を出すというのは自分が圧力をかけられている状態なので、引き足がつかえると一気に押し込まれてしまいます。

決まり手八十二手

基本技

突き倒し（つきたおし）

土俵の内外に関係なく相手の体を手のひらで強く突っ張って倒す

突き出し（つきだし）

相手の胸や肩などを手のひらで強く突っ張って土俵の外へ出す

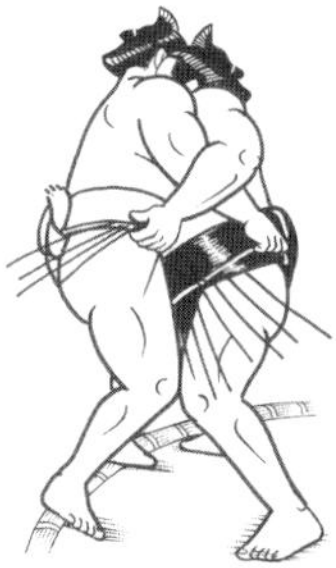

寄り切り（よりきり）

相手に体を密着させて前か横に進んで土俵の外に出す

押し倒し（おしたおし）

土俵の内外に関係なく両手または片手をハズにして相手の体を押し倒す

押し出し（おしだし）

両手または片手をハズにして相手の脇の下や胸に当て、土俵の外に出す

浴びせ倒し（あびせたおし）

相手が体を弓なりに反らしたり、腰がくだけて体勢が低くなったりしたときに自分の全体重を相手にのしかかるように預け、つぶすように倒す

寄り倒し（よりたおし）

相手に体を密着させて前に寄って出て、そのまま土俵際で倒して外に出す

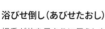

投げ手

小手投げ（こてなげ）
相手の差し手を外側から抱え込み、上から押さえつけるようにして相手を投げる

下手投げ（したてなげ）
四つに組んだときに、相手の廻しを差し手の下（下手）で取って投げる

上手投げ（うわてなげ）
四つに組んだときに、相手の差し手の上（上手）から廻しを取って投げる

下手出し投げ（したてだしなげ）
相手の廻しを下手で取り、その肘を自分の脇腹につける。下手と反対の足を引いて体を開き、相手の体を前に押し出すように投げる

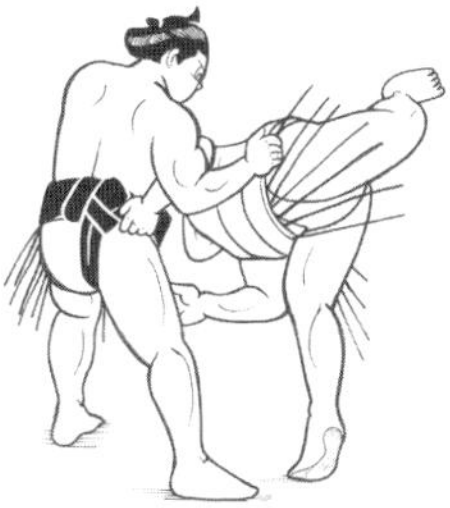

上手出し投げ（うわてだしなげ）
相手の廻しを上手で取った肘で相手の差し手を押さえ、廻しを取らない方の足を引いて体を開き、相手の体を前で押し出すように投げる

掬い投げ（すくいなげ）
下手を差したら廻しを取らずに腕を返して相手を脇の下から上へすくい上げるように投げる

首投げ（くびなげ）
相手の首に自分の腕を巻きつけ、腰を入れて体を捻りながら相手を巻き込むように投げる

腰投げ（こしなげ）
深く腰を入れて、相手を自分の腰の上に乗せて投げる

櫓投げ(やぐらなげ)

両手で廻しを取って相手の体を十分に引きつけ、膝を相手の内股に入れて太ももに相手の体を乗せ、吊りぎみに持ち上げてから振るように投げ落とす

二丁投げ(にちょうなげ)

相手の足の膝あたりに外側から足をかけて払い上げるように投げる

一本背負い(いっぽんぜおい)

前に出てくる相手の片手を両手でつかみ、体を背負って前方へ投げる

つかみ投げ(つかみなげ)

上手で相手の後ろ廻しをつかみ、相手の体を宙に浮かせて放り投げる

掛け投げ(かけなげ)

内掛けのように相手の内股に足を入れて掛け、その足を跳ね上げるように投げる

掛け手

ちょん掛け(ちょんがけ)

四つに組んだ状態で相手の差し手を上手より引きつけ、自分の足のつま先を相手の遠い側の足のかかとに内側から掛けて手前に引き、上体を反らして相手を横から後ろに捻りながら倒す

外掛け(そとがけ)

自分の足を相手の足に外側から掛けてその足を引き、倒す

内掛け(うちがけ)

自分の足を相手の足に内側から掛けて自分の方に引き寄せ、相手の重心を失わせて仰向けに倒す

蹴返し（けかえし）

四つ身になったときに相手の足首を自分の足の裏で内側から外に払うように蹴る。同時に相手の肩を叩いて手前に突き落とす

河津掛け（かわづがけ）

自分の足を相手の足の内側に掛け、足の親指をくるぶしにからませて足を跳ね上げる。同時に掛けた足と同じ側の腕で相手の首を抱え込み、体を反らせて相手を横から後ろに倒す

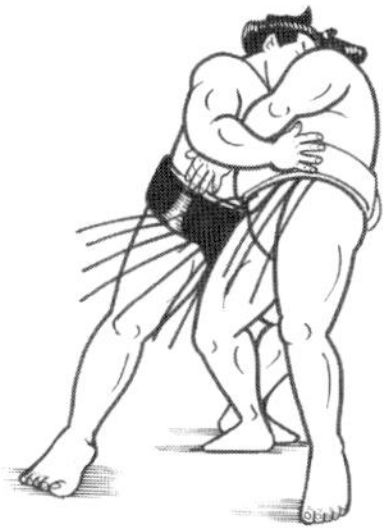

切り返し（きりかえし）

相手の膝の外側に自分の膝の内側を当てて、そこを支点にして相手を後ろに捻るように倒す

渡し込み（わたしこみ）

上手になった手で相手の膝か太ももを外側から抱え込んで内へ引き、体を預けて相手を倒すか土俵の外に出す

三所攻め（みところぜめ）

相手の足を内掛けか外掛けにして、一方の足を手で取り、同時に頭で相手の胸を押すか体を寄せて仰向けに倒す

蹴手繰り（けたぐり）

立ち合いの瞬間に、体を左右いずれかに動きながら相手の足を内側から外に蹴り、同時に相手の肩を叩いて前に倒す

外小股（そとこまた）

投げや引っ掛けを打ち、相手が残そうとして前に出した足を、自分の手で外側からすくい上げて仰向けに倒す

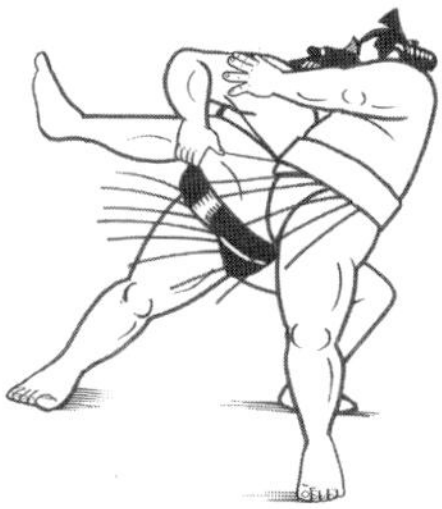

小股掬い（こまたすくい）

自分が投げを打ち、相手が足を前に出してこらえようとするところを、足の内側を片手ですくい上げ、仰向けに倒す

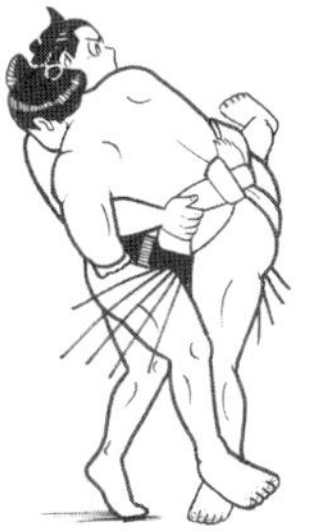

二枚蹴り（にまいげり）

相手の体を吊り上げ、相手の足首あたりを外側から蹴り、同時に捻りながら投げを打って倒す

小褄取り（こつまどり）

相手の足首を正面からつかみ、引き上げて倒す

褄取り（つまとり）

相手の体の横に食いつき相手の重心を崩す。前に泳いだ相手のつま先を取り、後ろに引き上げて倒す

大股（おおまた）

投げや引っ掛けを打ち、相手が小股掬いを恐れて反対側の足を出して残そうとしたら、その遠い方の足を内側からすくって相手を仰向けに倒す

裾払い（すそはらい）

出し投げや引っ掛けを打ち、相手が残そうと足を出したとき、外側から足首あたりを蹴り払うようにして相手を倒す

裾取り（すそとり）

相手に投げを打たれたときに、こらえながら相手の支えている方の後ろ側から足首を取って仰向けに倒す

足取り（あしとり）

相手の下に潜り込み両手で片足を持ち上げ、体重を預けてそのまま倒すか、土俵外に出す。

反り手

掛け反り（かけぞり）

相手の差し手の脇に頭を入れ、足で切り返して相手を後ろに倒す。または外掛けにいって自分の体を反らせながら相手を倒す

撞木反り（しゅもくぞり）

低く構え、頭を相手の脇の下に入れて肩の上に担ぎ上げ、体を反らして相手を後ろに落とす

居反り（いぞり）

相手が上にのしかかるように攻めてきたとき、しゃがみ込むように腰を低くし、両手で相手の膝あたりを抱え、相手を押し上げて後ろに反って倒す

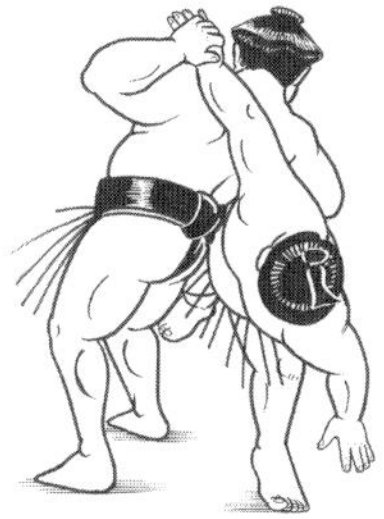

伝え反り（つたえぞり）

差してきた相手の手首をつかみ、相手の脇の下をくぐり抜けながら自分の体を後ろに反らせ、その圧力で倒す

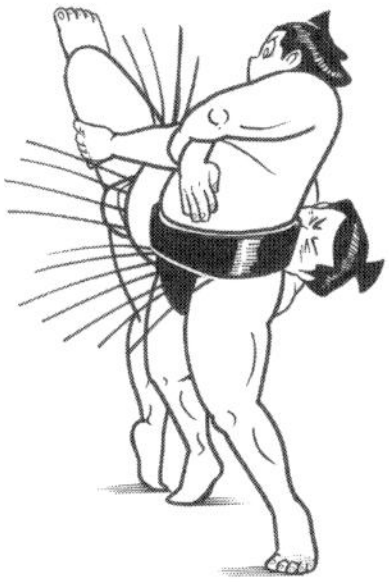

外たすき反り（そとたすきぞり）

相手の差し手を抱え、上からもう一方の手を相手の差し手の方の内股に入れて、自分の体を反らせて倒す

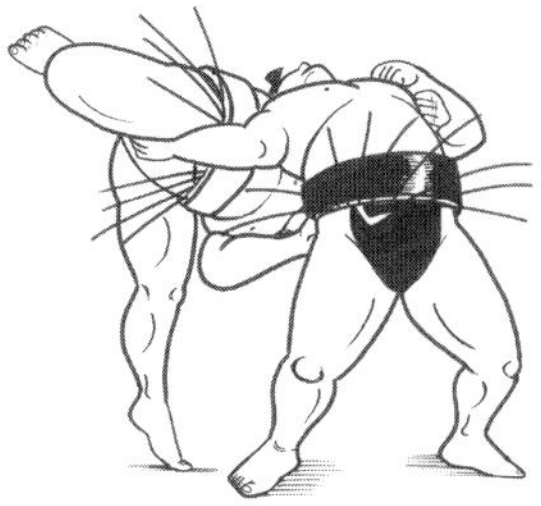

たすき反り（たすきぞり）

相手の差し手の肘を抱えて腕の下に潜り込み、もう片方の手で相手の足を内側から取り、相手を肩に担ぎながら体を反らせて後ろに落とす

捻り手

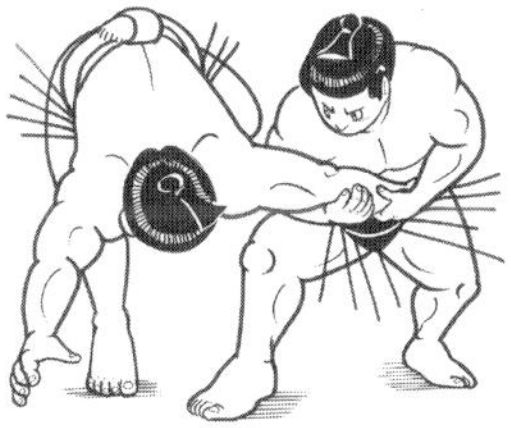

とったり

押し・突き合いや差し手争いになったとき、相手の片腕を下から抱え、体を開いて手前に捻り倒す

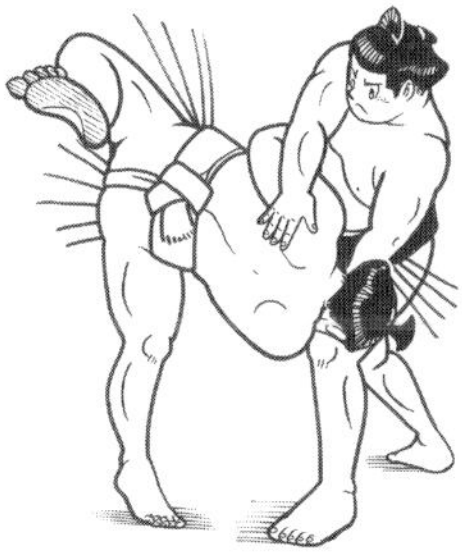

巻き落とし（まきおとし）

相手の出る反動を使い、廻しを取らずに差した方の手で相手の体を抱えて巻き込むように捻って横に倒す

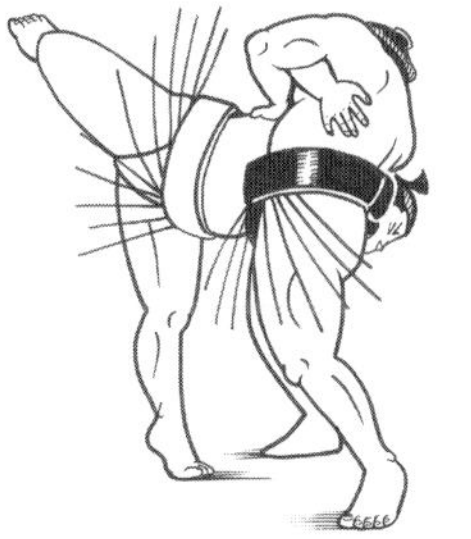

突き落とし（つきおとし）

四つに組んだり押し合いになったとき、片手を相手の脇腹や肩に当て、体を開きながら相手を斜め下に押さえつけて倒す

肩すかし（かたすかし）

差し手で相手の腕の付け根を抱えるか、脇に引っ掛けるようにして前に引き、体を大きく開きながらもう一方の手で相手の肩などを叩いて引き倒す

逆とったり（さかとったり）

とったりを打たれたときに取られた腕を抜くように腰を捻って相手を倒す

頭捻り（ずぶねり）

相手の肩や胸に頭をつけて差し手を抱え込むか、肘をつかんで足を開いて手と首を同時に捻りながら倒す

内無双（うちむそう）

相手の内ももを下から手で払い、体を捻って相手を肩口から横転させる

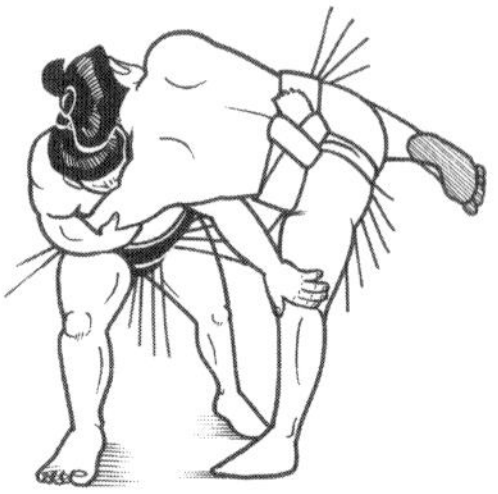

外無双（そとむそう）

差している手を抜き、その手で相手の膝を外側から払いながら相手の差し手を抱えて捻り倒す

網打ち（あみうち）

相手の差し手を両手で抱えて動きを止め、腕の付け根あたりを引くように後ろへ捻り倒す

下手捻り（したてひねり）

差した手で相手の廻しを引き、取った下手の方から相手を捻って倒す。または膝を土俵に着かせる

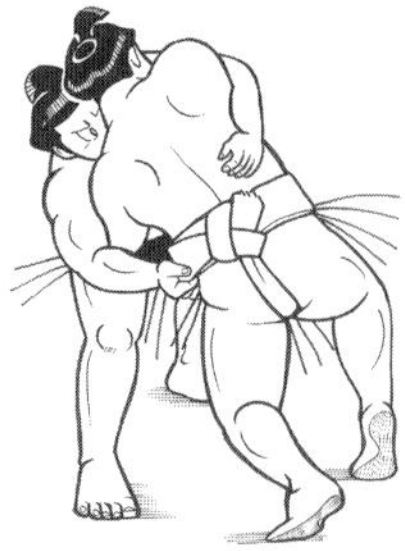

上手捻り（うわてひねり）

相手の上手廻しを取り、その上手の方へ捻って倒す

大逆手（おおさかて）

相手の肩越しに縦みつの手前の上手を取り、つかんだ腕の方向に投げる

波離間投げ（はりまなげ）

相手の頭や肩越しに縦みつの奥の上手を取り、取った腕の後方に振り回すように投げる

鯖折り（さばおり）

相手の腰の両廻しまたは体を両手で強く自分の方へ引きつけながら、相手にのしかかるように押さえて腰をつぶして膝を着かせる

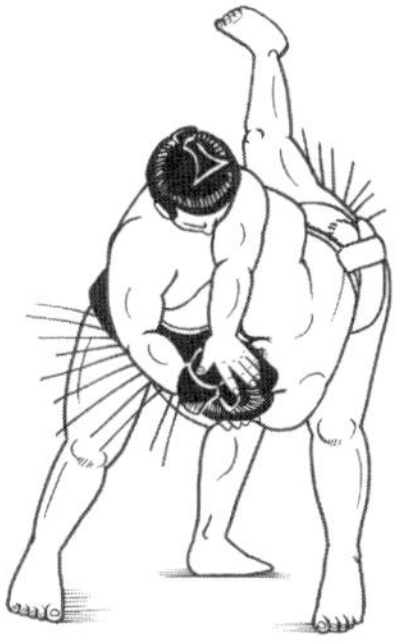

徳利投げ（とっくりなげ）

相手の首、頭を両手で挟んで右か左に捻り倒す

合掌捻り（がっしょうひねり）

相手の上体に両手を回し、挟みつけて捻るように倒す

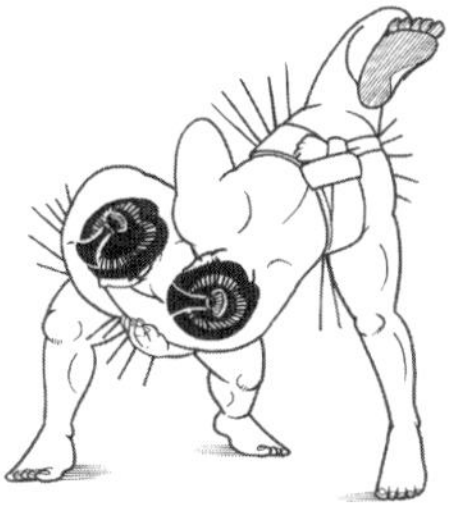

腕捻り（かいなひねり）

相手の片腕を両手で抱え、足を引きながら取った腕を外側に捻って倒す

小手捻り（こてひねり）

片方の腕で相手の腕を抱え、抱えた方に捻って倒す

首捻り（くびひねり）

片手で相手の首を外から巻き、もう一方の手で相手の差し手を抱え込み、捻り倒す

特殊技

叩き込み（はたきこみ）

体を開き、片手か両手で相手の肩、背中などを叩いて土俵にはわせる

引っ掛け（ひっかけ）

相手が突きや差しで攻めてきたとき、相手の腕を両手でつかみ引っ掛けるようにして体を開き、相手を前に落とす。または土俵の外に出す

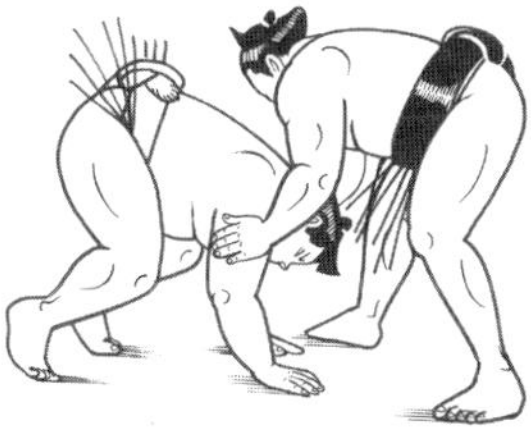

引き落とし（ひきおとし）

相手の腕や肩を引いたりして自分の前に引き倒し、土俵にはわせる

送り吊り出し（おくりつりだし）

相手の後ろに回り、相手の背中から両廻しを取って吊り上げ、土俵の外に出す

吊り出し（つりだし）

相手の両廻しを引きつけて吊り上げ、そのまま土俵の外に出す

素首落とし（そくびおとし）

低い体勢で前に出てくる相手の首や後頭部を、手首か腕を鎌のようにして上から下へ叩き落とす

送り吊り落とし（おくりつりおとし）

相手の後ろに回り、廻しを取って吊り上げ、その場で落とす

吊り落とし（つりおとし）

相手の両廻しを引きつけて吊り上げ、足元に落として倒す

送り投げ（おくりなげ）

相手の後ろに回り、背中側から投げ倒す

送り倒し（おくりたおし）

相手の後ろに回り、相手を抱えて倒す。土俵の外に出せば送り出しとなる

送り出し（おくりだし）

相手の横や後ろに回り、突くか押して土俵の外に出す

割り出し（わりだし）

片手で相手の上手か下手の廻しを強く引きつけ、もう一方の手だけで相手の脇を押すか上腕部をつかんで押し込むようにして、相手を土俵の外に出す

送り引き落とし（おくりひきおとし）

相手の後ろに回り、自分の方に引き落とすようにして倒す

送り掛け（おくりがけ）

相手の後ろに回り、左右の足どちらかを掛け倒す

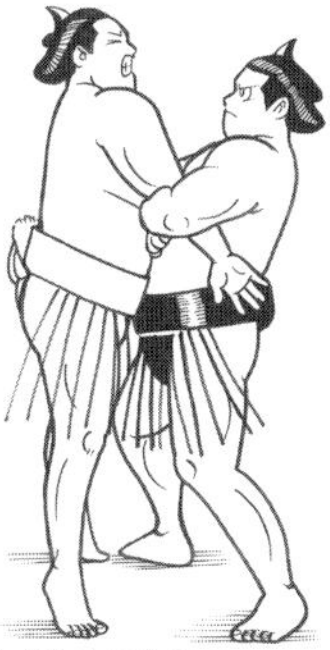

極め出し（きめだし）

外側から腕を回し入れて相手の差し手の関節を締めつけ、相手の体の動きを制したまま寄って土俵の外へ出す

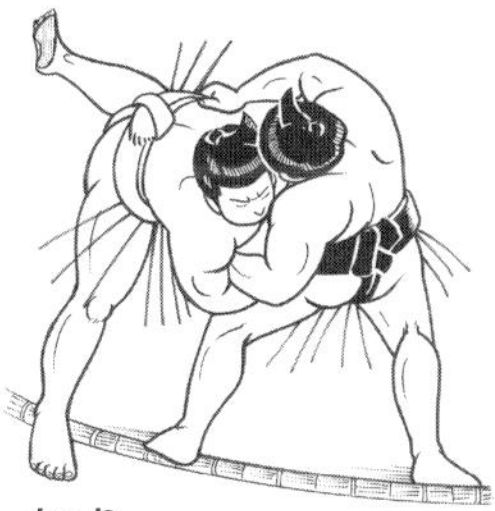

うっちゃり

相手に土俵際まで寄り詰められたときに、俵にかかとを掛けてこらえながら腰を低く落とし、相手を自分の腹に乗せ、体を反らせて左右いずれかに捻り、後方に投げ落とす

呼び戻し（よびもどし）

四つに組んだ状態で上手から下手の方に相手の体を呼び込み、相手の体が浮いたときに差し手を戻すようにして突き出して倒す

後ろもたれ（うしろもたれ）

相手に背を向けて後方に圧力をかけ、もたれ込むように相手を土俵から出す。または倒す

極め倒し（きめたおし）

相手の差し手を両腕で抱え込み、関節を締めつけながら相手を横に振り倒す

非技（勝負結果）

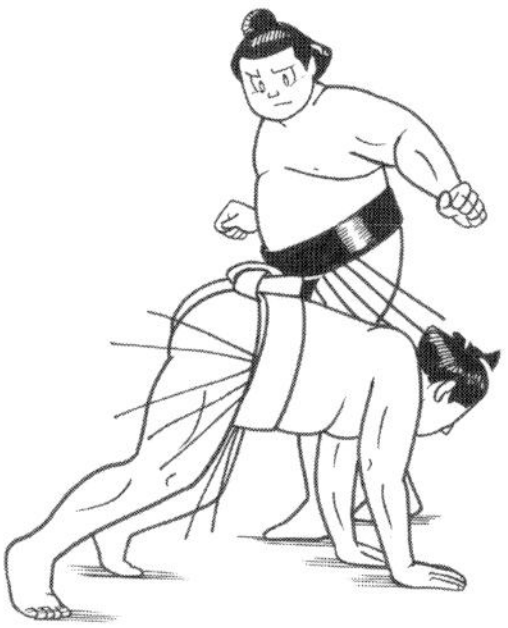

つき手（つきて）

相手の力が加わらない状態で、自分の手が土俵についてしまうこと

腰砕け（こしくだけ）

相手が技を仕掛けていないのに、自ら体勢を崩して腰から落ちて土俵に着いてしまうこと

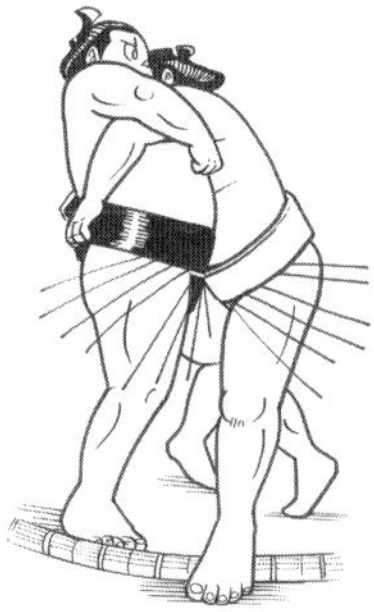

勇み足（いさみあし）

相手を土俵際に追い詰めながら、勢いのあまり先に自分の足を土俵の外へ出してしまうこと

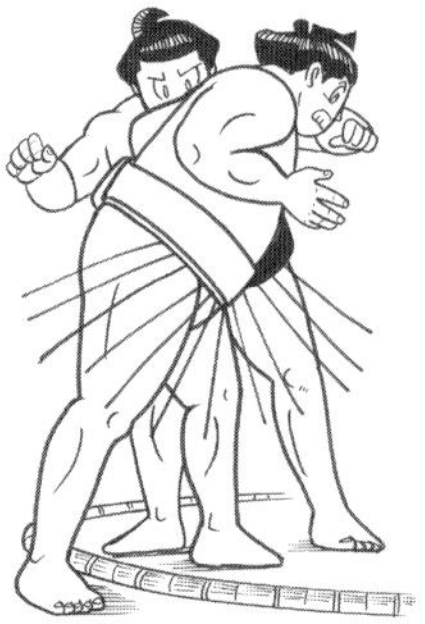

踏み出し（ふみだし）

相手の力が加わらない状態で、自分の足を土俵の外へ出してしまうこと

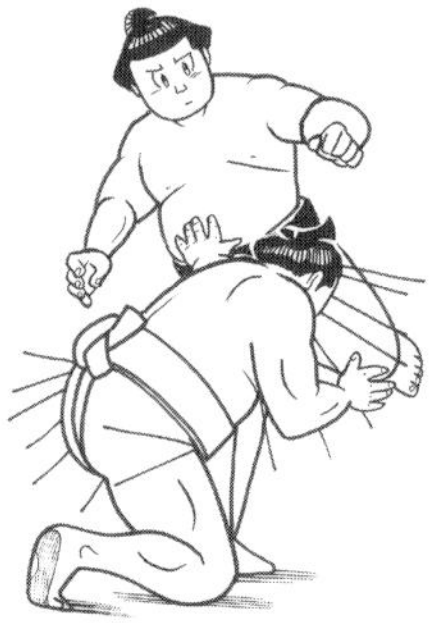

つきひざ

相手の力が加わらない状態で、自分の膝を土俵に着けてしまうこと

禁じ手反則

前縦みつをつかみ、また横から指を入れて引く

握り拳で殴る

のどをつかむ

頭髪を故意につかむ

胸・腹を蹴る

目またはみぞおちなどの急所を突く

指を持って折り返す

両耳を同時に両方の手のひらで張る

第四章　本場所編～いざ本番。家で楽しむ大相撲

大相撲の一年の流れ

第四章では本場所開催中、またその前後にできることを紹介します。本場所と本場所の合間には巡業、トーナメント、引退相撲などの「花相撲」がありますが、番付の昇降に関係するものは本場所だけです。ここでは本場所に集中して、より楽しめる要素を掲載します、番付発表から初日、中盤、終盤、そして千秋楽まで。今まで以上に大相撲を楽しみましょう。

初日までの楽しみ方

・スポーツ新聞で新番付を確認する（75頁）
・相撲協会公式アプリを準備する（76頁）

場所中の楽しみ方

・取組表をダウンロードする（78頁）
・ABEMA大相撲センター試験に挑戦する（79頁）
・本場所の取組を観る・聴く（80頁）
・「敢闘精神あふれる力士」アンケートに応募する（102頁）
・ツイッターをチェックする（103頁）

■ **年間日程表**

Ⅲ 令和5年 本場所日程

場所	会場	前売り開始日	番付発表	初日	千秋楽
一月場所	国技館	令和4年 12/10(土)	令和4年 12/26(月)	令和5年 1/8(日)	令和5年 1/22(日)
三月場所	エディオンアリーナ大阪(大阪府立体育会館)	令和5年 2/5(日)	令和5年 2/27(月)	令和5年 3/12(日)	令和5年 3/26(日)
五月場所	国技館	令和5年 4/8(土)	令和5年 5/1(月)	令和5年 5/14(日)	令和5年 5/28(日)
七月場所	ドルフィンズアリーナ(愛知県体育館)	令和5年 5/27(土)	令和5年 6/26(月)	令和5年 7/9(日)	令和5年 7/23(日)
九月場所	国技館	令和5年 8/5(土)	令和5年 8/28(月)	令和5年 9/10(日)	令和5年 9/24(日)
十一月場所	福岡国際センター	令和5年 9/16(土)	令和5年 10/30(月)	令和5年 11/12(日)	令和5年 11/26(日)

Ⅲ 令和6年 本場所日程

場所	会場	前売り開始日	番付発表	初日	千秋楽
一月場所	国技館	令和5年 12/9(土)	令和5年 12/25(月)	令和6年 1/14(日)	令和6年 1/28(日)

日本相撲協会公式サイトより（https://www.sumo.or.jp/Admission/schedule/）

本場所2週間前、番付発表！

番付発表は、前場所千秋楽から3日以内に決められたものが、初日の2週間前に発表されます。情報の解禁は早朝ですので、発表日の朝からインターネットなどで楽しむことができます。ここでぜひ手に入れておきたいのが、翌日発売のスポーツ紙。各紙が独自の方法で作成した番付表が大きく掲載されます。ここでは日刊スポーツの「日刊式番付」を例に紹介します。各力士の詳細が簡潔にまとめられている他、勝敗を描きこめる欄もあり自分だけの星取表を作ることができます。

日刊式大相撲番付

番付アラカルト
その場所の見どころ、ポイントがまとめられています。

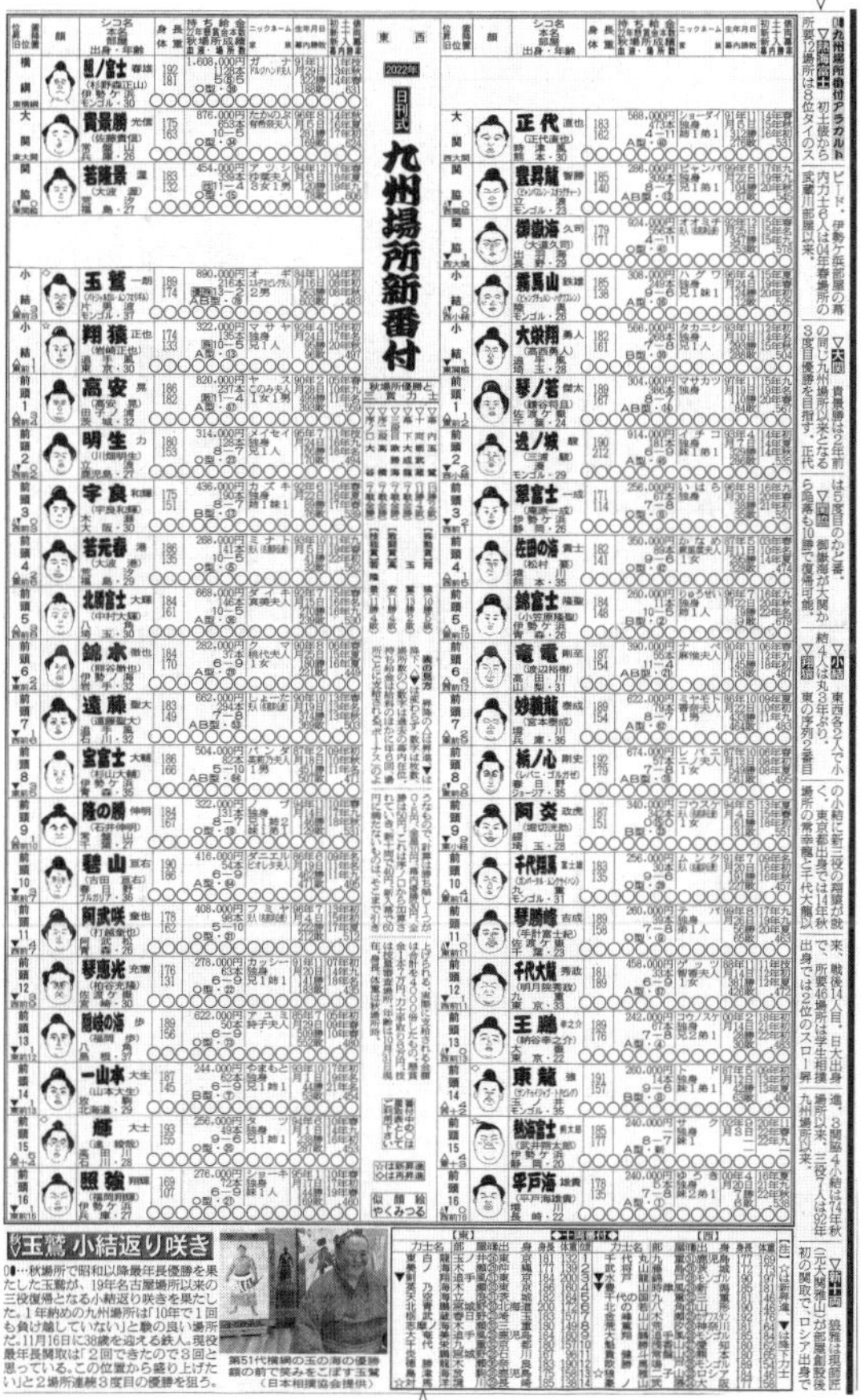

十両番付
必要事項を簡潔に表示。昇進力士、降格力士は印が付けられています。

●幕内番付の項目

位置 昇降 旧位置	顔	シコ名 本名 部屋 出身・年齢	身長 体重	持ち給金 22年懸賞金本数 秋場所成績 血液・場所数	ニックネーム 家族	生年月日 幕内勝敗	初土俵 新十両 新入幕 幕内勝率
横綱 東横綱	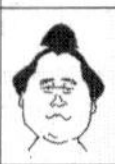	照ノ富士 春雄 (杉野森正山) 伊勢ケ浜 モンゴル・30	192 181	1,608,000円 1128本 5⑤5 O型・㊳	ガナ ドルジハンド夫人	91年11月29日 322勝 188敗	11年技 13年秋 14年春 .631
○○○○○○○○○○○○○○○							

日本相撲協会公式アプリをダウンロードしておこう

場所が始まる前に日本相撲協会のスマートフォン用公式アプリをダウンロードしましょう。公式アプリは、場所中の予習、復習には欠かせないツールです。

無料会員でできること

無料で使う場合は登録の必要がなく、ダウンロードするだけですぐに楽しむことができます。おおよそのコンテンツは無料で閲覧することができ、その中でもおすすめは「取組表」。序ノ口からのすべての取組が電光掲示板風のデザインで掲載され、本場所中は勝負が決まったあと、ほぼリアルタイムで結果が更新されていきます。

タニマチ（有料会員）になると

無料会員の場合取組ムービーは1日1番まで閲覧が可

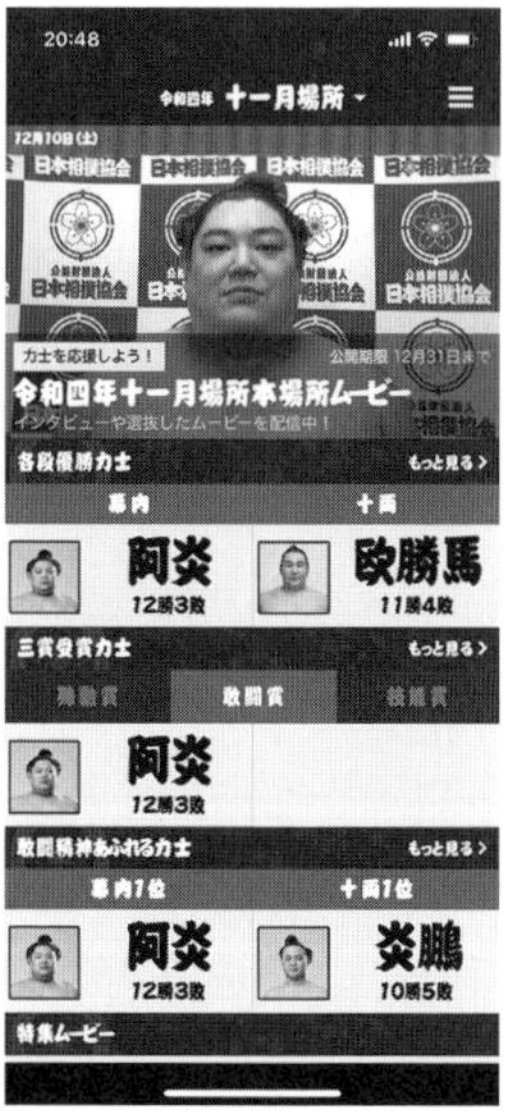

TOP ページ

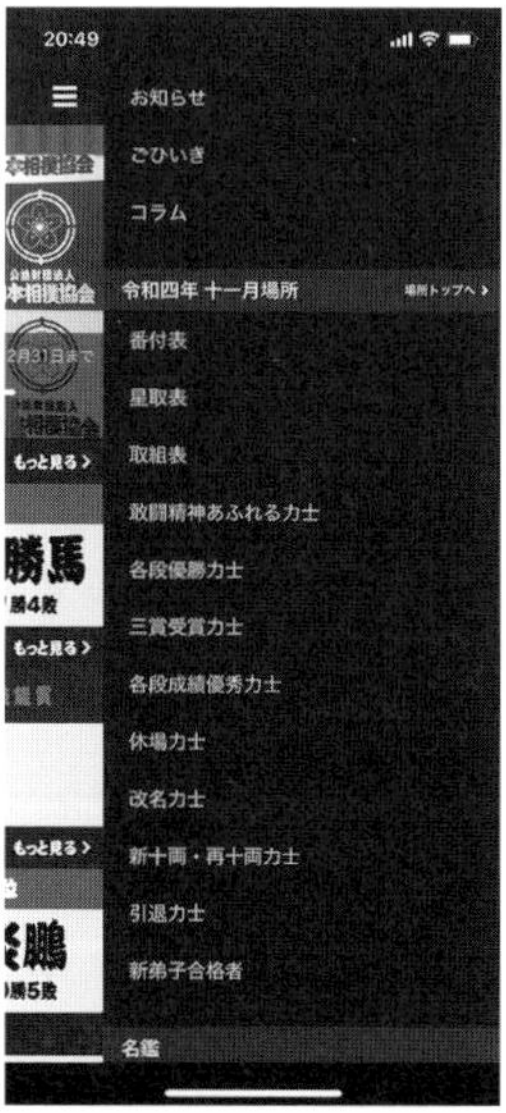

右上のマークを押すと表れるメニュー表示

電光掲示板風の取組表は、本場所中ほぼリアルタイムで更新

能ですが、タニマチになると無制限で観ることができます。過去の取組もアップされていて、平成22年以降の幕内取組を観ることも可能です。

「ごひいき」のコーナーで登録できる力士の数がアップします。「ごひいき」は登録した力士の対戦結果の通知機能もあり、終盤に成績上位力士を登録しておけば、熾烈な優勝争いの様子をどこでもすぐに確認できます。

また「敢闘精神あふれる力士」への投票も可能になります。その日、熱い相撲を見せた力士にぜひ投票してみましょう（102頁）。

主なコンテンツ

番付表	過去の番付も閲覧可能。力士を選択すると詳細情報が見られます。
星取表	場所の成績が一目でわかります。その日までの対戦相手と結果も確認可能。
取組表	千秋楽までの全取組が日別で確認できます。過去の対戦成績付き。
各段成績優秀力士	場所の途中から更新されます。優勝争いを確認するのにとても便利。
休場力士	出場力士から場所の休場が届けられた段階で更新されます。
敢闘精神あふれる力士	午後 6 時 20 分の投票締め切り後に、幕内、十両それぞれ 3 位まで発表されます。
各段優勝力士	13 日目以降に各段で優勝者が決まり次第、更新されます。
三賞受賞力士	千秋楽に発表され次第更新。平成 22 年からの受賞者も確認できます。
お知らせ	日本相撲協会公式サイトのトピックに遷移し、最新の情報をチェックします。
ごひいき	贔屓の力士、部屋、出身地を登録すると対戦結果の通知を受け取れます。

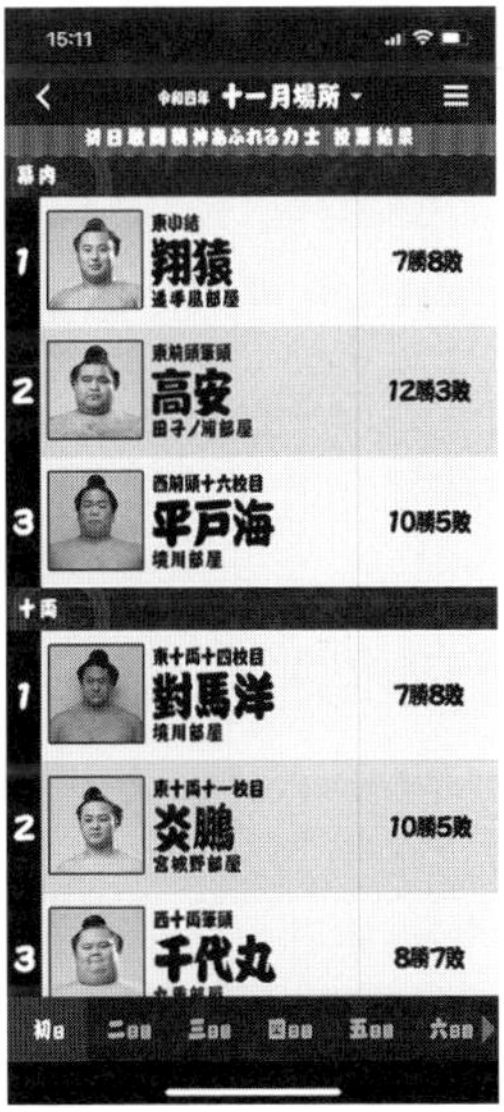

「敢闘精神あふれる力士」も決まり次第確認できる

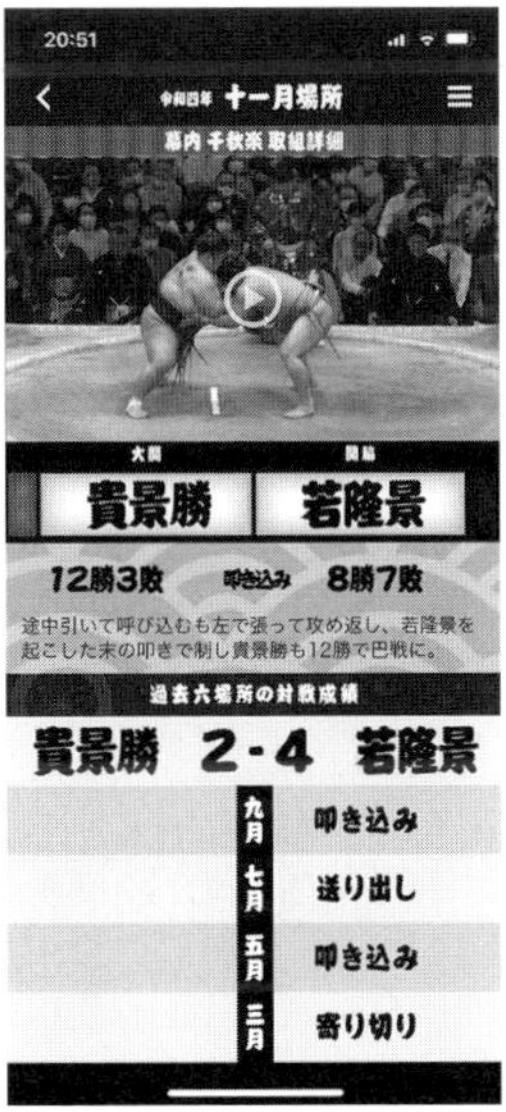

無料会員でも一日一番、取組ムービーを観ることが可能

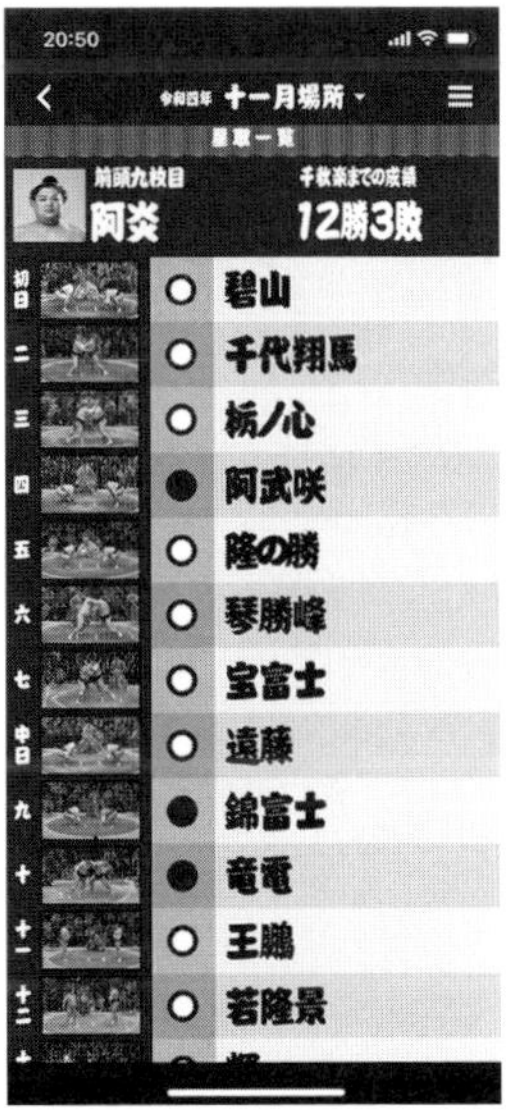

個別力士の本場所の取組がすべて観られる「星取一覧」

取組表をダウンロードできる

日本相撲協会が公式サイト上で行っているサービスで、一日の取組表をパソコン、スマートフォンにダウンロードできます。この取組表は会場に行った人のみがもらえるものでしたが、現在はダウンロードして家でも見ることができます。一日の取組が順番に並んでいるだけではなく、土俵入り、中入りなどの予定時間、各取組の審判員（現役時代の四股名入り）、行司、呼び出し（十両以上）の名前が網羅された優れものです。

「本日の懸賞取組」には懸賞を懸けた企業の名前が、会場ではおなじみの「お茶漬けのりの〜」「バイトするなら〜」「イエス！イエス！〜」などの、場内アナウンスのセリフそのままに記載されてあります。どの一番にどの企業が懸けているのかを見るのも楽しみのひとつです。

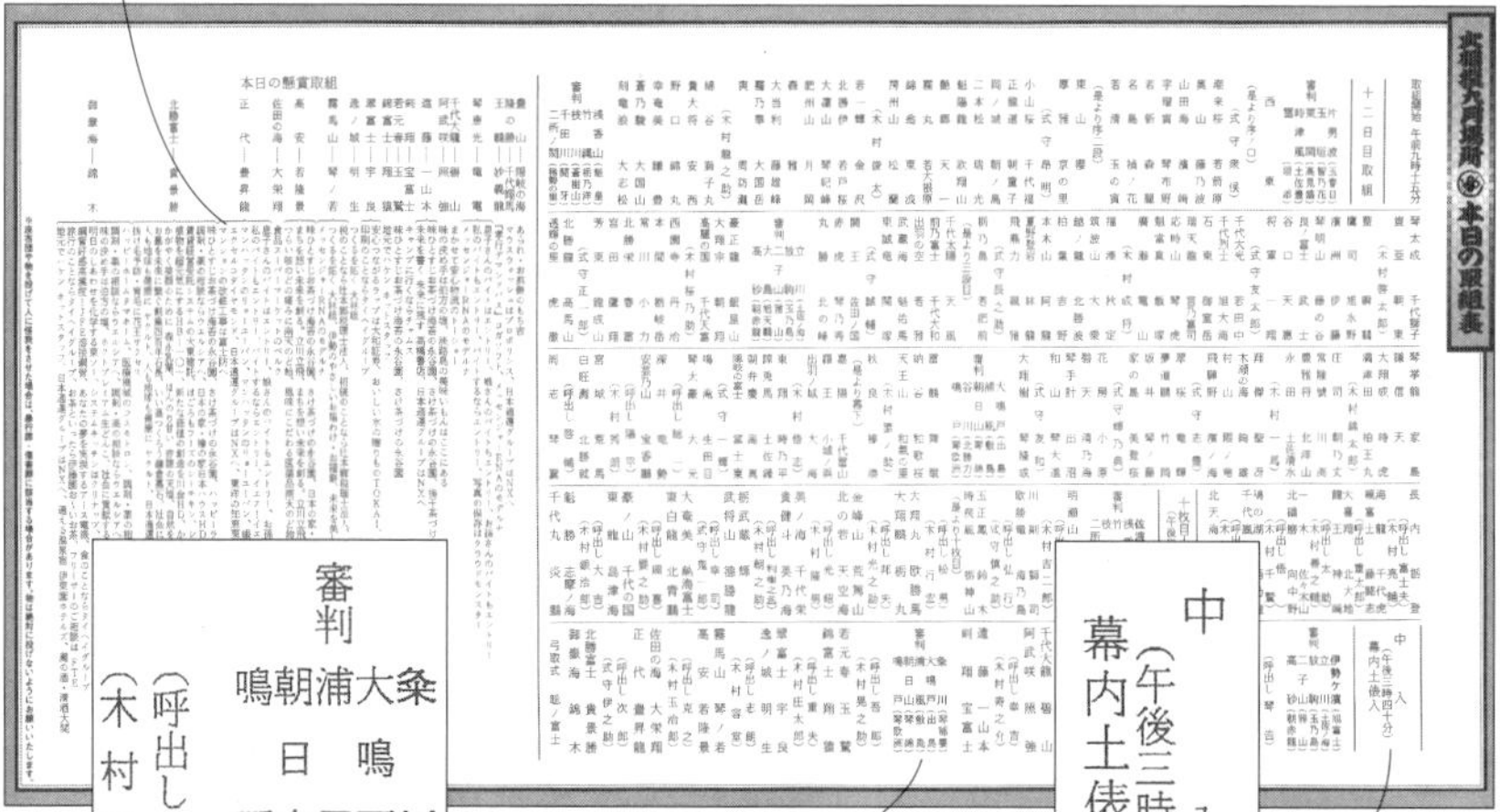
息子さんのバイトはエントリー、娘さんのバイトもエントリー、
私のバイトもエントリー、バイトするならエントリー、イエス！
マンハッタンのリョーユーパン、マンハッタンのリョーユーパン、
エクセルコダイヤモンド、日本通運グループはＮＸへ、東洋の知
マンションの改修工事は富士防へ
粂川（琴稲妻）
大鳴戸（出島）
浦風（敷島）
朝日山（琴錦）
鳴戸（琴欧洲）
（呼出し　吾郎）
（木村晃之助）

日本相撲協会公式サイトへ→力士・成績情報→各場所情報→取組結果→取組表はコチラ（PDF）

ABEMA大相撲センター試験

本場所開催中に毎日出題される問題に答えて横綱を目指すAbemaTVの独自企画です。問題作者は日刊スポーツの佐々木一郎さん。「大相撲総選挙」など魅力的な企画を作ってきた同氏ならではの切り口で、大相撲ファンならば誰でも楽しめる内容です。参加には無料の会員登録が必要です。

ABEMA 大相撲 LIVE
「ABEMA 大相撲センター試験」
ログインページは
こちら→

日刊スポーツ・佐々木一郎さんのおすすめ過去問題集

過去に出された問題の中から、出題者の佐々木一郎さんが選んだランク別のおすすめ問題です。

易	**❶ 伊勢ケ濱親方（元横綱旭富士）のプロ級の趣味は何でしょう？** Ⓐサーフィン　Ⓑ将棋　Ⓒマジック　Ⓓ天気予報
易	**❷ 土俵にある仕切り線の間隔は何センチでしょう？** Ⓐ30センチ　Ⓑ70センチ　Ⓒ90センチ　Ⓓ110センチ
中	**❸ 国技館から最も近い相撲部屋として知られる陸奥部屋。建物はもともと何だったでしょう？** Ⓐホテル　Ⓑ予備校　Ⓒ病院　Ⓓ警察署
中	**❹ 番付表を書くときに用いられる相撲字の書体は何でしょう？** Ⓐ勘亭流　Ⓑ根岸流　Ⓒ朝青流　Ⓓ明朝体
難	**❺ 元関脇安美錦の安治川親方が着ている協会ジャンパーのサイズはいくつでしょう？** Ⓐ大きめの3L　Ⓑ小さめの4L　Ⓒ大きめの4L　Ⓓ5L
難	**❻ 令和4年9月場所現在、四股名が1文字の現役力士は何人いるでしょう？** Ⓐ7人　Ⓑ 13 人　Ⓒ 20 人　Ⓓ 27 人

ルール説明

本場所中に１日１回出題される問題に挑戦。制限時間内であれば解答は何度でも修正可能。正解は番組中に発表。正答数に応じて番付が変化。

正解は P.112

本場所を観る・聴く・楽しむ

いよいよ大相撲本場所が始まります。NHKのテレビ中継をはじめ、インターネットTVやホームページなどで取組を観たり聴いたりできます。自分の時間、生活スタイルに合ったかたちで取組を楽しみましょう。

テレビ・ラジオ観戦

NHK大相撲中継（NHK BS1、NHK総合テレビ、NHK BS4K、NHKラジオ第1）

元祖・大相撲中継。何世代にもわたって楽しまれてきた王道の中継番組です。幕下、十両、幕内と現役親方による解説が入るほか、元横綱北の富士など元有名力士の専属解説者が、土俵上の模様を詳しく伝えてくれます。

NHK英語中継（NHKワールド・プレミアム、NHKワールド・ラジオ日本）

海外向けの国際放送チャンネル。実況は英語です。

	NHK BS1	NHK 総合テレビ	NHK BS4K	NHK ラジオ第1	NHK ワールド・プレミアム	NHK ワールド・ラジオ日本	番付（目安）
13	00 全曜日		00 全曜日				三段目
14	NHK 総合テレビの開始時間まで						幕下
15		05 土日祝 10 平日		05 千秋楽	30 千秋楽 55 平日		十両
16				05 千秋楽以外	00 土日祝	05 平日 11 祝日 15 日曜日	幕内前半
17							幕内後半
18							

ＡＢＥＭＡ（大相撲ＬＩＶＥ　午前8時から午後6時）

インターネットＴＶ。序ノ口最初の一番から中継が開始されます。幕内に入ると元横綱若乃花の花田虎上氏など、大相撲経験者の解説者が日替わりで登場。独自のランキングなど、既存の中継にはない趣向が凝らされ、若いファンにも入りやすい構成になっています。無料会員でも視聴可能です。「ショニチ！」。

タイムシフト

ＡｂｅｍａＴＶ大相撲ダイジェスト（午後11時45分から午前0時）

その日の幕内取組をギュっと凝縮して伝えています。ニュース感覚で勝敗を確認できます。

ＮＨＫ幕内の全取組（午前3時35分から午前4時）

ＮＨＫの大相撲中継、幕内全取組のダイジェスト版です。前日の中継を見逃したとき、当日の取組を観る前に前日の取組を見直したいときなどにお勧めです。

インターネット

ＮＨＫプラス

ＮＨＫ総合テレビの大相撲中継をそのままパソコンやスマートフォンで観ることができます。ほぼリアルタイムで中継されており、テレビがないところでもテレビと同じ映像が楽しめます。要会員登録。

ＮＨＫ取組動画

一番一番、お好きな取組をチョイスして観ることができます。また力士別の一覧を出すことも可能で、贔屓力士のその場所の全取組をまとめて観られます。

いよいよ本場所が始まります。82頁から実際に行われた本場所の取組を秀ノ山親方（元大関琴奨菊）の解説、相撲中継でおなじみの藤井康生アナウンサーによる実況で誌上再現します。立ち合いから技の攻防、最後の決まり手にいたる流れまで、取組の観方をお楽しみください。

突き押し 対 突き押し

令和4年5月場所5日目

阿武咲（東前頭5枚目）対 貴景勝（西大関）

解説・秀ノ山親方（元大関琴奨菊）
実況・藤井康生アナウンサー

阿武咲　貴景勝

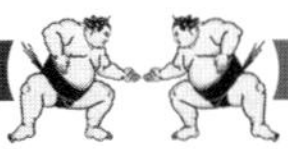

阿武咲と貴景勝は幼い頃からのライバルです
お互い押し相撲
さあ、どんな当たりか
立ち合いに注目です
踏み込んだ、貴景勝
阿武咲、しのげるか
ここは貴景勝の**押し**ですが
阿武咲**しのいでいます**

阿武咲　**貴景勝**

阿武咲　**貴景勝**

押し返す
一度**いなしが入りました**
そして出ていったのは貴景勝
そしてもう一度**押して起こす**
突き倒しました
貴景勝の勝ち
途中、左からのいなしで
相手の体勢を崩しました

親方の目

この相撲は立ち合いで勝敗が分かれました。貴景勝は当たる瞬間に全集中をして、起きた瞬間にはすでに貴景勝が有利な体勢になっています。
押し相撲は力のベクトルが前に行くことが大事です。あとはリズムで押していくことができます。この相撲は、貴景勝がしっかりと腰を割ってリズムよく当たって突き放すことを繰り返しています。これが出たときの貴景勝は強いです。

貴景勝（押し倒し 11秒9）**阿武咲**

突き押し 対 左四つ

令和4年7月場所13日目

妙義龍（東前頭14枚目）対 明生（西前頭10枚目）

解説・秀ノ山親方（元大関琴奨菊）
実況・藤井康生アナウンサー

妙義龍はできれば浅くのぞかせたい
明生は左を差しにいくのかどうか
両者の一番
左差しを狙った明生
しかし妙義龍下がらない
相手をよく見ています
両者一瞬距離があいた
右から張った妙義龍

妙義龍　明生

妙義龍　明生

起こして出た
右ののどわ、左からのおっつけ
勝ったのは妙義龍
妙義龍の攻めでした
相手をよく見ていました

親方の目

立ち合い、妙義龍は右手をしっかり丸めて固めた状態で当たり、左四つ狙いの明生の力を削いでいます。明生の調子の良いときは思いっきり踏み込んで、左を差しにいく。そこを封じた左と右の攻防です。妙義龍は下から当たって、距離を空けて、中から攻める。こうなると妙義龍ペースです。明生は立ち合いで当たり負けて足の親指が浮いてしまっています。気持ちだけが前にいってしまい、上半身だけの相撲になりました。何度も左差しを狙いますが、そのつど右で封じこめた妙義龍の技術が見えた一番です。

妙義龍（押し出し 4 秒 7）**明生**

突き押し 対 右四つ

令和4年5月場所千秋楽

貴景勝（西大関）対 正代（西大関）

解説・秀ノ山親方（元大関琴奨菊）
実況・藤井康生アナウンサー

貴景勝　正代

離れて取りたい貴景勝
そして掴まえにいきたい正代
重要な立ち合いです
貴景勝、**低い当たり、下から突き上げる**
貴景勝は廻しを与えたくない
弾いて出てこのまま攻めたい
ここはなんとかしのぎたい正代
回り込んで残した正代

貴景勝　正代

貴景勝　正代

しかし、**腕《かいな》を手繰《たぐ》る**貴景勝
互いにおっつけあい
左からの突き落とし
勝ったのは貴景勝でした
攻防がありましたが
最後は左から貴景勝の突き落とし

親方の目

立ち合い、正代は相手の下からくる手を跳ね上げていきたい。対する貴景勝はしっかり膝を曲げて突っ込んでいきます。
この一番、正代の立ち合いは悪くありません。上体は立っていますが、腹筋、背筋の力で残せています。もっと体を密着させて上体を起こしたいのですが、貴景勝が下から下から正代を跳ね上げていきます。手首を少しでも差したいところですが、それをさせない貴景勝の技術の高さが見えました。

貴景勝　（突き落とし 13 秒 1）　正代

左四つ対右四つ ―ケンカ四つ―

解説・秀ノ山親方（元大関琴奨菊）
実況・藤井康生アナウンサー

令和4年7月場所13日目

炎鵬（西十両8枚目）対 英乃海（西十両筆頭）

炎鵬　英乃海

炎鵬が左を差すことができるか
立ち合い、体が入れ替わった
低い体勢から**左を差したい**炎鵬ですが
ここは**外側からおっつける**体勢になりました
おっつけながら絞り上げていく炎鵬
炎鵬が頭をつけます
英乃海は左を差させたくない
中には入れたくないという体勢です

炎鵬　英乃海

炎鵬　英乃海

この右と左の攻防です

炎鵬、左からおっつけて中に入りました

これで炎鵬**左の下手**、形を作りました

しかし英乃海も**右の上手**

何とか持ち上げようと中に入っていく

炎鵬、**腰を引きながら左からの下手投げ**

勝ったのは炎鵬です

得意の左が入りました

親方の目

英乃海は腰が重く、小兵力士を扱うのが上手い力士です。立ち合いから炎鵬が踏み込んで、英乃海の左を封じる右を深く差しています。英乃海はこの体勢が苦しくて、嫌がって左を抜きます。肩ごしまで下手が入った炎鵬は、自分の肩を使って相手の動きを操ることができます。神社の神輿を両手で持つより肩に担いだほうが楽なのと一緒です。

さらに肩で担ぐと、足の動きが自由になります。相手がいくら重くても、これで重心を動かすことができるのです。それが小兵の感覚です。

炎鵬（下手投げ 25 秒 75）**英乃海**

右四つ 対 突き押し

令和4年3月場所12日目

正代（東大関）対 貴景勝（西大関）

解説・秀ノ山親方（元大関琴奨菊）
実況・藤井康生アナウンサー

正代はなんとか
貴景勝の当たりを止めたいところですが
どうでしょうか
時間いっぱいです
立ち合い
両者当たりました
胸でいった正代
貴景勝も**踏み込む**が

正代　貴景勝

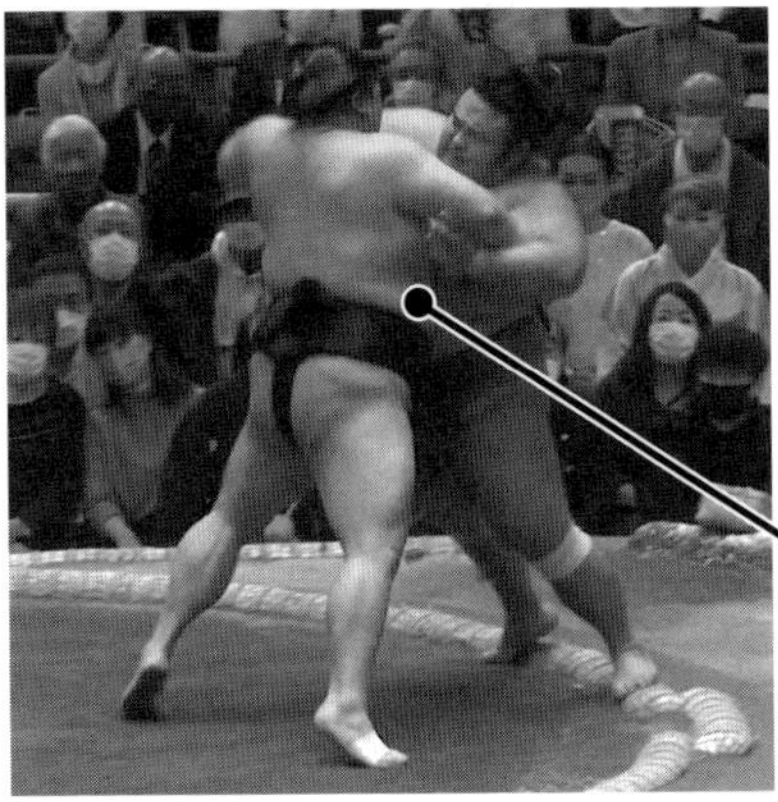

正代　貴景勝

ここで正代、**右が入った**

そのまま出る正代

土俵際、残せるか貴景勝

貴景勝、土俵を割りました

一方的な攻めでした

正代の勝ちです

つかまえてしまえばもう、正代の相撲です

貴景勝に突き上げる時間を与えませんでした

正代　（寄り切り 3 秒 0）**貴景勝**

親方の目

立ち合い、正代は手を下から出して、貴景勝をめくりあげています。

立ち合いの貴景勝の当たり自体は悪くないのですが、少し踏み込み過ぎました。いい踏み込みをしすぎると体が泳いでしまって、上半身がおろそかになってしまうこともあります。正代が 0 コンマ何秒か遅く当たってきたので、一歩目を踏み込んだときにほんの少しだけ早く当たってしまい、貴景勝は下から上へと力が向かっていってしまいます。できればもう一段下から行きたかったです。右を差されたあとは何もできませんでした。

左四つ対左四つ
――相四つ――

令和4年3月場所8日目

髙安（東前頭7枚目）対若元春（西前頭9枚目）

解説・秀ノ山親方（元大関琴奨菊）
実況・藤井康生アナウンサー

髙安　若元春

左の相四つ。先に上手を取るのはどちらか
髙安狙っている。右からおっつける
しかしなかなか上手は互いに取れない
右の上手をさぐっている両力士ですが
髙安のほうがいい形になった
回り込んでこれを残している若元春
左の下手を取ります。下手は離したくない
しかし髙安、これを切った

高安　若元春

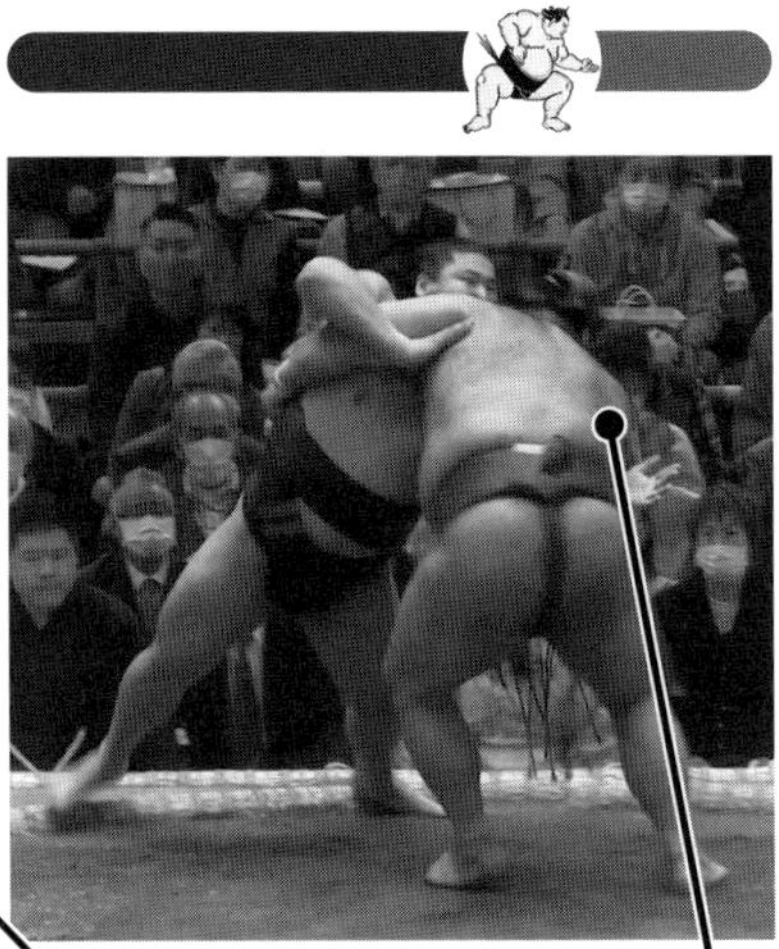

高安　若元春

相手の**左手を絞りながらの右のおっつけ**

おっつけながら上手を取りますと

相手の左手が死んでいきます

高安、右からおっつけて

一枚廻しを取ったでしょうか

右からの上手投げ。振り回して高安

もう一度上手投げ。高安の勝ちです

先に上手を取ったのは高安でした

親方の目

高安の左四つ狙いに対して、若元春はまず右肩を当ててカウンターを入れて、高安の力を半減させにいっています。私も高安相手なら、こういう立ち合いをすると思います。

高安はフィジカルが強く、立ち合いに圧力をかけて、少しでも相手の体が浮いたら自分有利の左四つの体勢を作ります。左を差したら右手で相手をしっかりとロックして動きを止める。この左四つは本当に重くて、それこそ岩のような感覚です。これが高安の得意な形です。最後の投げは強引でしたが、しっかり圧力がかかっているので豪快に決めることができました。

高安　（上手投げ47秒9）　**若元春**

押し対左四つ

令和4年5月場所初日

御嶽海（東大関）対 髙安（東前頭筆頭）

解説・秀ノ山親方（元大関琴奨菊）
実況・藤井康生アナウンサー

御嶽海　髙安

四つになると御嶽海は右四つ得意ですが
もろ差しもあります
また、押していくのかどうか
制限時間いっぱい。立ち上がって
肩で当たり合います
体当たりから**右のおっつけ**は御嶽海
右を差したい御嶽海
左を差したい髙安

御嶽海　高安

御嶽海　高安

この**左を嫌っている**御嶽海
おっつけながら中に入りたいところですが
ここは高安、なんとしても左は抜きたくない
一度引いて回り込んだ
頭を下げる御嶽海
御嶽海そのまま出ました
最後は**体を寄せて押し出し**
御嶽海の相撲でした

御嶽海（押し出し 13 秒 2）**高安**

親方の目

御嶽海は前さばきも上手く、大きい体を小さくして踏み込める力士の一人です。この一番も高安の左攻めに対して、右を固めて相手の力を削ぐような立ち合いをしています。左四つなら半身でも強い高安を相手に、右の使い方をしっかり意識しながら攻めています。

高安としては引っ張り込んで胸を合わせたい。御嶽海はそれをわかっているから、しつこく右に回って引っ張り込ませませんでした。岩も横から攻められると、力が削がれ徐々に傾いていきます。ここは御嶽海の研究の成果ですね。

右四つ対右四つ
―相四つ―

解説・秀ノ山親方（元大関琴奨菊）
実況・藤井康生アナウンサー

令和4年1月場所5日目

照ノ富士（東横綱）対 逸ノ城（西前頭2枚目）

ここまで4連勝と好調の照ノ富士
対して関脇小結と当たって
五分の星の逸ノ城
右四つの両者
互いに先に左の上手を取りたいところです
立ち合い、踏み込んでいった
踏み込みは互角でした
上手を探る逸ノ城

照ノ富士　逸ノ城

照ノ富士　逸ノ城

照ノ富士、先に**左の上手を引いた**

右を差して逸ノ城の**体を起こします**

照ノ富士、十分な体勢を作りました

起こしながら土俵際に攻め込む照ノ富士

左からの上手投げ

これは簡単に決まりました

照ノ富士の勝ちです

先に左の上手を引いた照ノ富士の勝利です

親方の目

照ノ富士は体全体の力を、立ち合いの一歩目をしっかり踏み込んで相手に伝えています。
なので、上手も近くなり、自分有利な四つに組めています。逸ノ城は足に力が入っておらず、足の親指も上に浮いてしまっています。ただ前に行っているだけなので上手にも手がかからず、どんどんどんどん下がっていってしまいました。

照ノ富士（上手投げ４秒４）**逸ノ城**

右四つ対右四つ

―相四つ―

解説・秀ノ山親方（元大関琴奨菊）
実況・藤井康生アナウンサー

令和4年7月場所5日目

照ノ富士（東横綱）対 逸ノ城（西前頭2枚目）

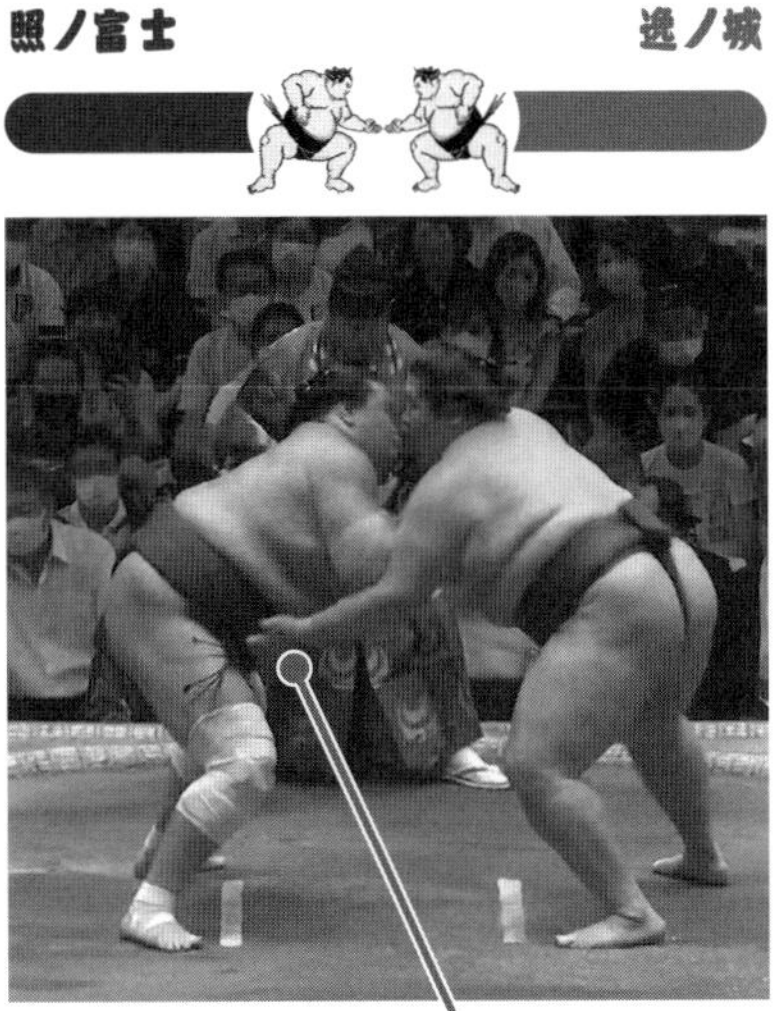

両者の対戦成績は照ノ富士の6連勝中です

さあ、どちらが先に左の上手を取りにいくか

すぐに**左の上手、右四つ**

逸ノ城が**形を作りました**

さあ、このまま早めに攻めたいところです

横綱照ノ富士に廻しを与えていない

ここまでは逸ノ城完璧な攻め

逸ノ城、**もろ差し**になりました

照ノ富士　　逸ノ城

照ノ富士　　逸ノ城

極めて出ようとする照ノ富士
逸ノ城、**右の下手を深く**しています
照ノ富士、**極めきれない**か
逸ノ城、懸命に寄りますが
ここは照ノ富士残しました
もう一度逸ノ城の寄りです
寄り切り、久しぶりに逸ノ城が
横綱に勝ちました。逸ノ城、5連勝です

逸ノ城　（寄り切り 32秒2）　**照ノ富士**

親方の目

踏み込む位置を見ると、逸ノ城が左の上手を取るために少しずれたようにも見えます。差し手よりも上手を取りにいく立ち合いです。上手を取ってしっかりと相手をロックしようとしています。

逸ノ城は立ち合い一歩目の動きで相手に重さを十分に伝えていますね。軽いときは、足の親指が浮いてしまって後ろ重心になっています。一歩目にしっかりと踏み込んで親指にしっかりと体重をかけておけば、上手も近くなるし前に出る圧力も違ってきます。これだけの大きい力士が十分の上手を取ると、なかなか動けませんね。

特別編（左四つでも強い横綱）

令和4年1月場所9日目

照ノ富士（東横綱）対 北勝富士（西前頭4枚目）

解説・秀ノ山親方（元大関琴奨菊）
実況・藤井康生アナウンサー

照ノ富士　北勝富士

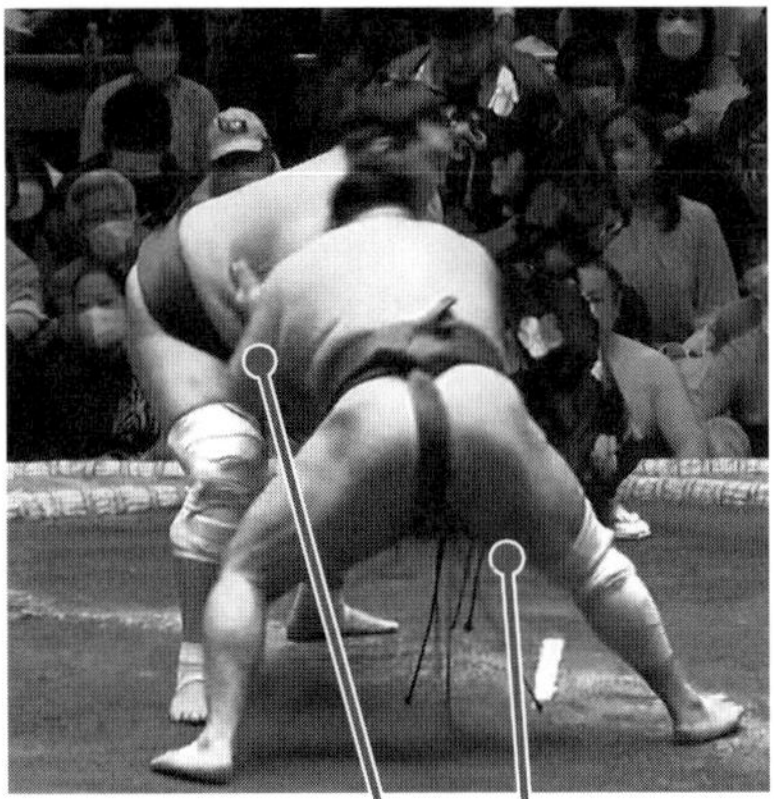

さあ、北勝富士が押していけるかどうか
離れての勝負を挑みたい北勝富士です
いつものように**左に少し動いた**北勝富士です
左がのぞきました
捕まえにいきたい横綱照ノ富士
左が入りました。今日は左四つです
いつもとは逆の四つです
しかし捕まえてしまえばなんとかなるか横綱

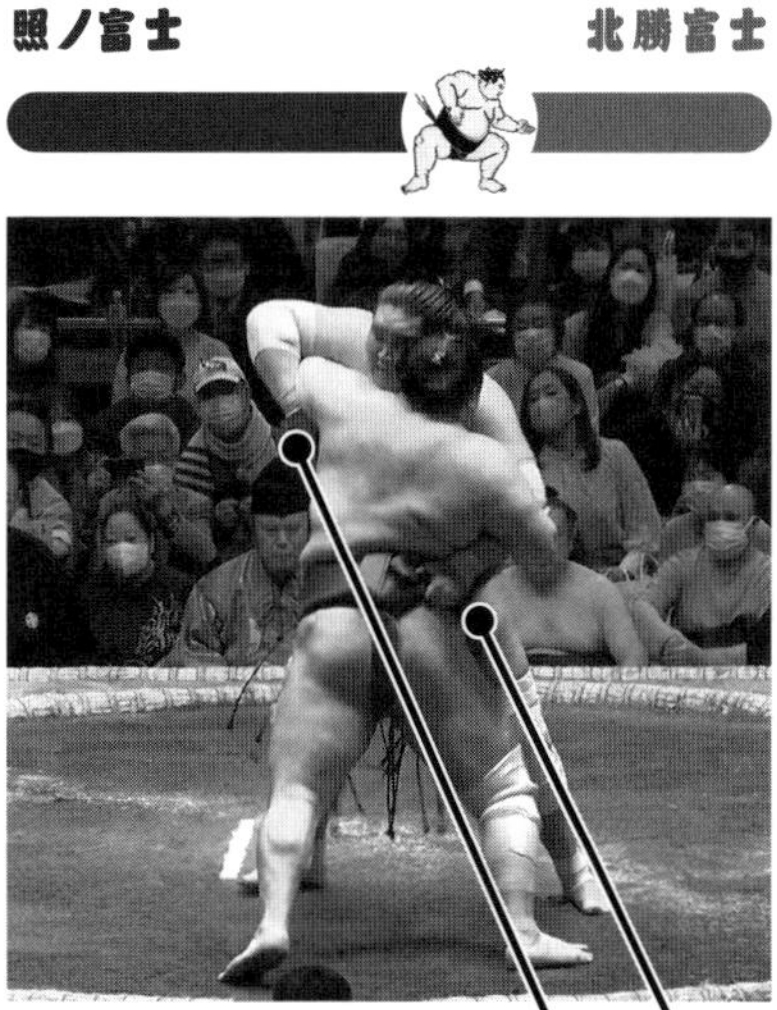

動きを止めました

右から抱えて、北勝富士の**上体が起きます**

右を抱えて上手をさぐる照ノ富士

左から下手投げ

さぐっておいて、そちらに注意を引き寄せて

左からの下手投げです

攻めようというその圧力が

左からの下手投げを呼びました

親方の目

自分のときにそうだったのですが、北勝富士の立ち合いは毎回左にずれて立ちます。照ノ富士の右差しがくるのがわかっているので、この一番も左から当たってなんとか右を差させないようにする、というのが北勝富士が考えた作戦です。

上手く立ちはしましたが、組んだ状態になると北勝富士には攻め手がありません。右肩も下がってしまって、力が出ない格好になっています。左から行くことまではイメージをしていたと思うのですが、このあとの想定がないので正面から相撲を取るしかなかったですね。

照ノ富士は相手にどうこられても対処ができるという感じでした。左差しだとしても右から抱えて胸を合わせれば負けることはないという、横綱の自信が出た相撲でした。

照ノ富士　（下手投げ 18秒7）　**北勝富士**

「敢闘精神あふれる力士」アンケート

日本相撲協会が開催している人気企画で、幕内と十両、それぞれの相撲から特に敢闘精神があふれていたと思った力士に投票できます。結果は3位までが毎日発表され、公式ホームページ、公式アプリ内で見ることができます。熱い土俵を見せてくれた力士へその思いを伝えられるツールです。

以前は本場所来場者のみが参加できる企画でしたが、現在は相撲協会公式アプリからも投票できるようになりました（要「タニマチ」月額500円の有料会員登録）。

投票の注意事項

・スマートフォンは位置情報（GPS機能）が必要になりますのでONにしてください。
・各取組の結果が決まり次第、各関取への投票が可能となります。
・投票は各関取に対してお1人様1回のみ（投票のやり直しは可能です）。
・投票時間は初日から十四日目まで午後6時20分、千秋楽は午後6時までとなります。
・投票結果はホームページでも午後7時ごろに掲載予定です。

日本相撲協会ホームページより引用

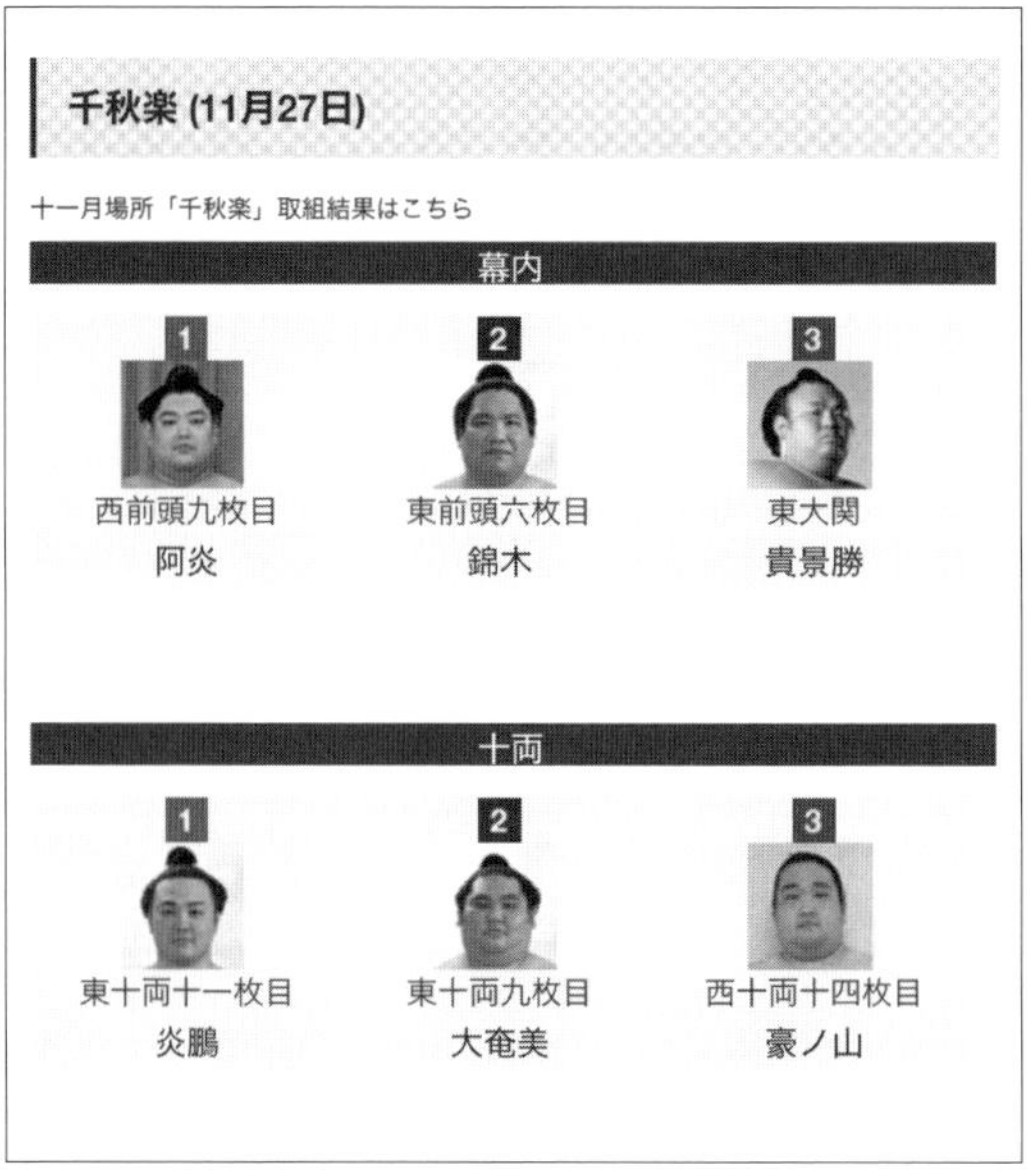

投票結果は毎日更新される（写真は令和4年11月場所千秋楽の結果）

ツイッターをチェックする

大相撲を扱っているツイッターは日本相撲協会公式のアカウントから、各新聞社などの報道機関、大相撲好きの著名人、そして私たちと同じ相撲ファンまで盛りだくさんです。場所中にこれらのツイッターをチェックすることで、リアルタイムに近い最新の情報や、土俵上の風景、ファンの熱い思いを感じることができます。

●日本相撲協会

日本相撲協会

●相撲部屋、親方

※名前の表記はアカウント名

朝日山部屋（本物）	高砂部屋	八角部屋
荒汐部屋	立浪部屋	二子山雅高（元大関雅山）
伊勢ノ海部屋	常盤山部屋	放駒部屋《公式》
【公式】押尾川部屋	鳴戸部屋	宮城野部屋 MIYAGINO(HAKUHO-SHO)
鐵山部屋公式	【公式】二所ノ関部屋	武蔵川部屋 - Musashigawa Beya

●メディア、報道関係

NHK 大相撲（公式）	日刊スポーツ	月刊相撲
朝日新聞 大相撲担当	スポーツ報知 相撲取材班	NHKG-Media 大相撲中継
毎日新聞 大相撲取材班	竹内夏紀 / 報知新聞社	

●著名人、大相撲ファン

雷電タメコ スポーツライター	赤井麻衣子 フリーアナウンサー	い助太郎（かながしら） 土俵風景の写真をアップ
緑の能町みね子 エッセイスト	山根千佳 場所中はブログをアップ	龍脳いおり【DINKY JUNK】 アイドル。知識は抜群

本場所の楽しみ方

本場所が始まったら、どんなところをポイントに楽しめばいいのでしょうか。大相撲では、15日間を三分割して、初日から5日目を「序盤戦」、6日目から10日目を「中盤戦」、そして11日目から千秋楽までを「終盤戦」と呼んでいます。ここでは、それぞれの局面によってどんなところに注目すればいいか、そして場所後の番付予想の仕方について解説していきます。

文・飯塚さき

序盤戦を観る

場所が始まる前に、注目点の整理をします。カド番の大関、大関昇進がかかる（または足掛かりになる）関脇、新入幕・新十両の力士、新十両昇進がかかる幕下上位の力士などは誰でしょうか。また、年の瀬の九州場所では「年間最多勝」の力士が決まるなど、記録の注目どころもあります。そういったポイントをより多く把握してお

くと、一層楽しめるでしょう。

通常、報道陣は場所前に手分けして各部屋の朝稽古を取材し、力士たちの稽古状況や調子の良し悪し、怪我の状態などを見て、その様子を記事にしてくれます。各社の記事を読んで、なんとなく力士たちの状態を把握した上で、初日の土俵を見てみましょう。誰々はまだ肘の状態がよくなさそうだ、誰々は体の張りがいいから調子がよさそうだ、誰々は初日から動きや反応がいいから今場所は期待できそうだ、などと考えながら見ると、以降の場所も楽しみになります。

「毎場所初日は緊張する」という力士は意外にも多く、動きが硬くなって「序盤はあっけない相撲が多い」ともいわれますが、だからこそ熱戦は目立ち、より心に残りやすいもの。初日から「マイベストバウト」をつけるなど、あとで振り返る楽しみにしてもいいかもしれません。

中盤戦を観る

どんな力士にとっても、初日から白星で場所を迎えることは大切です。もちろん、スロースターターで後から

白星を重ねていく力士もいますが、序盤戦の成績を踏まえて、うっすらと優勝争いの予想をしてみてください。

6日目以降の中盤戦になると、横綱・大関ら上位陣との対戦が終わり、残りは格下の力士との対戦のみとなる力士も出てきます。今後の割を予想しながら日々の取組を楽しみましょう。中盤戦に入ってくれば、力士たちもより体が動き始め、波に乗ってきます。序盤ではあっさりと土俵を割ってしまった場面も、土俵際で粘れるようになっているかもしれません。15日間を通して、1人の力士の動きや体の張りの変化を追うのもひとつの楽しみ方です。

10日目にもなると、徐々に優勝争いの行方が見えてきます。誰が先頭に立っているのか、そしてそれを誰が追いかけているのか。先頭から星の差2つ、場合によっては星の差3つくらいまでの力士の動向を把握しておくといいでしょう。

終盤戦を観る

いよいよ場所も佳境に入ります。長い長い15日間。1

日過ぎるごとに力士たちの疲労は増していきますので、終盤戦は疲労がピークに達します。そんな過酷な環境で毎日取り続けていることだけでも感服に値するものです。にもかかわらず、最後の力を振り絞ってさらなる熱戦を演じ、見る者を楽しませてくれる彼らには尊敬の念がやみません。そんなことを思いながら見ると、終盤戦はより熱いものになるでしょう。

まずは幕内での優勝争いの行方。ＮＨＫの中継では、成績上位の力士の星を字幕スーパーで映してくれる上、その日取り終えた力士の四股名は色が変わって都度表示されるので、これがわかりやすいと思います。日々の取組を見て、誰が最も賜杯に近そうか、優勝者を予想しながら見てみてください。

さらには三賞受賞者。場所をトータルで振り返って、上位陣を倒した力士（殊勲賞候補）、技が光っていた力士（技能賞候補）、二桁勝利など結果、内容共に奮闘した力士（敢闘賞候補）を自分なりに決めてみてください。実際の受賞者と自分で選んだ人とを比べてみると面白いかもしれません。

最後に、成績によって翌場所の番付を考えるのも楽し

みのひとつです。単に各力士の番付の昇降のみならず、新三役・新入幕・新十両候補についても思案してみます。新十両・再十両については、場所後の水曜日に発表があるので、「答え合わせ」もすぐそこです。

優勝争い

14日目終了時に、優勝の可能性を残す力士をピックアップして、「○○が××に勝てば優勝」「××が○○に勝てば優勝決定戦へ」といったポイントを整理しておきましょう。先頭の力士（たち）だけでなく、場合によっては星の差1つの力士（たち）もその対象です。

トップの力士が独走状態で走り切ってしまうとき、千秋楽を待たずに優勝が決まることも多々あります。圧倒的に強い横綱がいるときなどにはこうしたことが起こり、そうすると「優勝争いがつまらない」といわれがちですが、横綱という地位の力士が、その責任をもって場所を締めてくれるのは、本来の理想形ともいえます。

逆に、千秋楽でトップの力士が1人に決まらなかった場合は、結びの一番の後に優勝決定戦を行います。2人

の場合は直接対決、3人の場合は「巴戦」といって、3人による勝ち抜き戦が行われます。くじ引きで順番を決め、最終的に相手2人を連続で破った人が優勝するのです。

4人以上の場合は、最初がトーナメント方式になります。過去には、横綱・曙、大関・若乃花、武蔵丸、貴ノ浪、関脇・魁皇の5人による優勝決定戦がありました（平成8年11月場所）。このときは曙が1回戦シード（不戦勝）、そして決勝戦が巴戦で行われ、武蔵丸が曙、貴ノ浪を連続で倒して賜杯を手にしています。

こうして優勝力士が決まると、千秋楽には表彰式や優勝インタビューが行われます。「〇回目の優勝」というだけでなく、「〇〇県出身初の優勝力士」「関脇の優勝は〇年ぶり」など、その優勝を巡る記録に関してもアンテナを張ってみると、より興味深いものが見えてきます。

三賞

千秋楽のお昼すぎには、その場所の三賞受賞者が発表されます。受賞できるのは関脇以下の幕内力士。途中休場してしまった場合は選考外です。ひとつの賞につき複数人出ることがあれば「該当者なし」のことも、はたまた「千秋楽で勝てば」「優勝すれば」といった条件付きの場合も多々あります。絶対条件は勝ち越し。二桁勝利を挙げた力士に贈られることが多いのですが、9勝や8勝の力士が受賞することもあります。また、1人の力士が複数の賞を受賞することもあります。

横綱・大関といった上位陣を破った力士に贈られる「殊勲賞」は、最も予想しやすいかもしれません。その場所で横綱・大関が誰に負けているのか。その取組を振り返ってみるといいでしょう。

「技能賞」は、技の優れた力士に贈られるものです。ただ、ここでいう「技能」とは、いわゆるわかりやすい足技や豪快な反り技、細かい小手先の技だけを指すものではありません。例えば、大栄翔や玉鷲などの徹底した突き押し相撲は、突き押しという「技能」に値するものでしょ

う。つまり、「相撲自体がうまい」ということ。多くの力士が「技能賞が一番うれしい」と言うのは、その人の相撲自体を褒めてもらえたということだからです。場所を通して、「相撲が上手だった人」は誰でしょうか。

敢闘精神あふれる力士に贈られる「敢闘賞」は、勝ち星の多い力士に目星をつけておくといいかもしれません。十番以上勝ち、かつ日々の相撲内容がよかった人は誰でしょう。

ちなみに、三賞に付く「条件」は、個人的には7勝7敗の力士以外はいらないのではないか、と思っています。特に技能賞は技能を称えるものです。最後の日に勝とうが負けようが、その技能が優れていたことに変わりはないのです。が、ひとつ200万円の賞金もあるので、きっと大人の事情があるのだろうと思って見ています（笑）。

千秋楽で「勝てば三賞」と知って土俵に上がり、緊張する力士、知らずに勝って思わず喜ぶ力士、三賞にもいろんなドラマがあります。そんな背景まで見えると、より三賞を巡る見どころが増えるでしょう。

十両昇進を考える

先に述べたように、新十両・再十両に関してだけは、番付発表よりも先、場所直後の水曜日に番付編成会議が行われ、発表されます。なぜなら、関取に上がると、化粧廻しや締め込み、白の稽古廻しをはじめ、たくさんの準備が必要になるからです。そこで、場所が終わったら十両と幕下上位の成績を見て、翌場所に誰が上がりそうかを予想します。

まずは、十両から何人幕下に落ちるかを見ます。何人落ちるかによって、何人上がれるかが決まるからです。昇進確実なのは、15枚目以内での全勝優勝。そして有力なのは、筆頭での勝ち越しや、上位で6勝、5勝している力士たちです。あくまでも番付は生き物なので、最終的にどうなるかは発表されないとわからないのですが、自分でも予想しながら発表を待つのも楽しいものです。

番付の予想をする

では、全体の番付予想もしていきましょう。

横綱・大関が複数いる場合、東西は成績順となり、成績のよかったほうが東になります。また、カド番で負け越してしまった大関は、翌場所は必ず関脇となります。関脇は、大関に昇進できなければ、勝ち越しても番付は関脇のままです。

役力士は基本的に東西1人ずつですが、「張出」といって、3人目、4人目が出ることもあります。過去には、大関が6人いたこともありました（平成24年5月場所）。

関脇・小結に関しても、前の場所で勝ち越した上位力士が多ければ、3人以上になることがあるのです。個人的には、がんばった力士はその分番付を上げて欲しいので、関脇・小結が4人ずついてもいいと感じますが、多すぎるとその番付の価値が下がるためよくないと考える人もいます。そのあたりの個人的な感情も含めながら番付予想をしても楽しいでしょう。

ほかには、勝ち越し、負け越しの昇降を見ながら予想します。新十両・再十両の要領と同様に、新入幕・再入幕の予想をしてみるのも醍醐味のひとつです。

P.79の答え

❶→Ⓒマジック ❷→Ⓑ 70センチ ❸→Ⓑ予備校 ❹→Ⓑ根岸流 ❺→Ⓐ大きめの3L ❻→Ⓑ 13人

第五章　情報編〜大相撲をもっと楽しむために

藤井アナウンサーに聞く　テレビ中継ができるまで

聞き手・飯塚さき

アナウンサーの担当について

大相撲中継で1日に関わる人数ですが、テレビは13時からのBSに正面の実況者と、向正面にリポーターがつきます。十両に入ったら実況とリポーターが2人。幕内は実況と東西のリポーターで3人。テレビだけで1日7人になります。ラジオは前後半に分かれている場合、正面と向正面で2人が入れ代わりに入ります。加えてラジオのリポーターもいて、取り終えた力士の談話を入れてきますが、基本的にはテレビの十両を実況した人間が、幕内の時間のラジオのリポーターになります。前後半で交代しない場合もあって、交代するのは前半が若くてまだ経験の少ないアナウンサーの場合。後半は17時以降に少し先輩のアナウンサーが喋ります。そして、ラジオではもう1人、若くてこれから相撲の放送に関わっていくアナウンサーがディレクターをやります。実況しているアナウンサーを、隣で見ながら勉強するという目的もあります。合計で、1日10人くらいのアナウンサーが関わっています。

担当はどう決まるのか

アナウンサーのなかに「デスク」がいて、全体を取り仕切っています。一場所15日間の担当を決めていくのがデスクです。相撲放送のアナウンサーに番付をつけるとしたら、

1日の担当アナウンサー

		正面	向正面	東西
テレビ	BS	実況①	リポーター②	
	十両	実況③	リポーター④	
	幕内	実況⑤	リポーター× 2 ⑥⑦	
ラジオ ※交代しない場合あり	前半	若手アナ⑧	その他　ディレクション⑩	
	後半（17:00 以降）	ベテランアナ⑨		

実況アナウンサーになるまで

BS リポーター　→　BS 実況　→　ラジオ前半　→　ラジオ通し　→　十両実況　→　幕内実況

関脇クラスのアナウンサーがデスクを務めます。番付発表のある本場所2週間前に担当を発表しますが、それまでに15日間全部のアナウンサーの振り分けを決めるので、とても大変です。

まず、次の場所でどれだけのアナウンサーが関われるかを確認します。例えばオリンピックやテニスのウィンブルドンなどが重なると、そちらに派遣される場合もあります。東京や大阪などキー局のアナウンサーはほぼ15日間関われるような体制ですが、地方局から出張で出てくる若いアナウンサーも、丸々15日間来られるわけではありません。場所が終わって1週間くらいすると、デスクは各地方局へ電話をして、「来場所○○さん出張に出せませんか」と交渉し、15日間の人数を揃えます。これが、アナウンサーの担当の決め方です。

解説者の決め方

解説者はディレクター側の「デスク」が決めます。幕下以下、十両、幕内の正面・向正面、そしてラジオと全部で5人。解説者は正面より向正面のほうが位が上ということがないように配慮します。現役時代に小結だった舞の海さんが正面のときは少し難しく、それ以上の人が向正面にならないようにしています。それと定年退職される親方にはその場所で解説に来ていただくといったこともします。

最終的にはチーフプロデューサーとディレクターのデスクが相談しながら決めています。アナウンサーに相談が来ることもありますが、同じ一門同士にならないようになどのアドバイスをしたりします。見ているところが違うので、変えたほうがよい場合がありますので。

カメラの位置

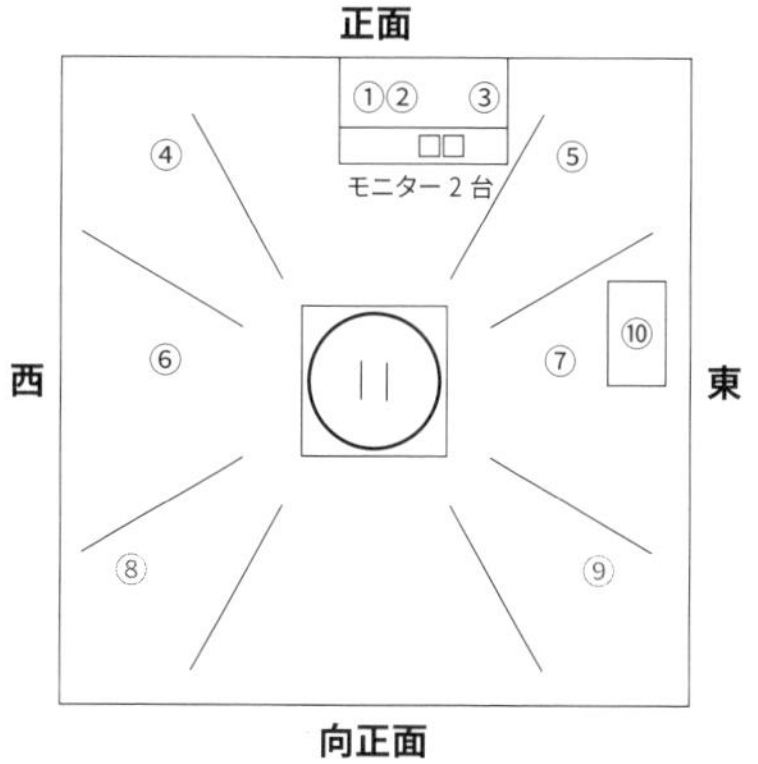

放送席｛①メインカメラ　②メインカメラ　③リモートカメラ
④西カメラ
⑤東カメラ
⑥西マス席
⑦東記者席
⑧西花道リモート
⑨東花道リモート
⑩インタビュールーム

そしてアナウンサーデスクとディレクターデスクがお互い作ったものを合わせて、毎日の組み合わせが決まるというわけです。

手元の資料

どの実況アナウンサーも持っているのは、力士別に自作したカードです。十両に上がる直前あたりからつけ始めます。廻しの色の変遷といった小ネタやデータも余白にメモしています。

実況の当日は自分のカードをその日の取組順に並べて準備しておきます。なぜこんなに小さい（ハガキサイズ）かというと、ラジオの放送席は升席を一つ借りてやっているのですが、解説者が大きい人だとぎゅうぎゅうですし、モニターや機材もたくさんあって、手元には小さいものしか置けないからです。でも、年を取ると目がよく見えなくなってくるから、もうほぼ心の目で見ています（笑）。

以前は手書きでしたが、いまはパソコンで作っています。最初は自分なりにデザインを考えて印刷屋さんに発

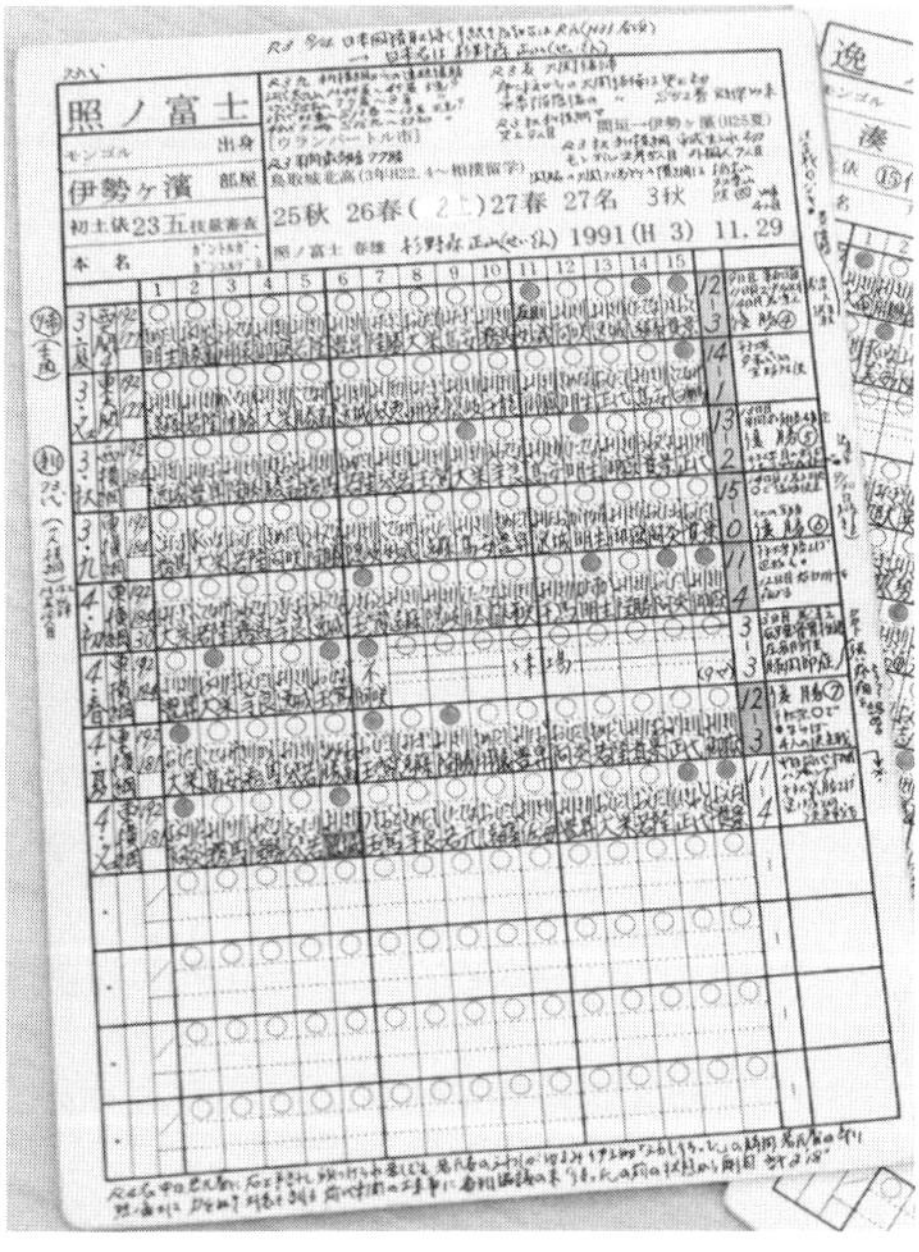

注しましたが、勝敗を書き込む○印をもう少し小さくしてもらえばよかったなと。塗りつぶすときに時間がかかってしまって（笑）。

決まり手の瞬発力の鍛え方

入口の違いで大差がありますが、練習しているうちに覚えるしかないです。子どもの頃から見ていた人間は、

だいたい出てくる決まり手はわかります。上手投げを下手投げと言ってしまうことはまずないですし、体に染みついているんじゃないかな。ただ、引き落としと言っても実際は叩き込みだったりと、公式の決まり手と違うことも当然ありますが、それはしようがないです。

滅多に出ない決まり手のときは、判断に迷うことや言えなかったこともありました。でも、プロの相撲実況アナウンサーは、裾払《すそはら》いとちょん掛《が》けの違いなど細かなことがわからなかったら、なかなか務まらないとは思います。

中入りの企画

「場所前会議」というのがあって、次の場所が始まる3週前くらいに、ディレクターとアナウンサーが東京に一堂に会して会議をします。次の場所が名古屋、大阪といった場合は、名古屋放送局、大阪放送局のディレクターも出張で東京へ出てきます。その会議で中入りの時間に何をするか、企画を練ります。企画は、提案しても結構ボツになることが多くて、そう簡単ではありません。

以前放送していた「北の富士語る」は、北の富士さんのように歴史を語れる人はいませんので、昔ばなしを6回に分けて話を聞きましょうと僕自身が提案したものです。北の富士さんは「ええ〜めんどくせえなあ」なんて言いながら、楽しそうにやってくれていました。

「技の神髄」は、今回は上手出し投げについてやりましょう、じゃあ霧島の陸奥親方にしようか、玉ノ井親方（元大関栃東）にしようかと、いろいろ意見を出し合って議論します。企画を決めたら、2日目はこれ、3日目はこれと日程を決めて、だいたい3時間くらいで終わります。

さらに「提案会議」が初日直前の金曜日にあって、初日からもう一度通しで担当者がいろいろなことを発表する会議があります

番付発表翌日からデスクが割り振りをして、アナウンサー5、6人が毎日行く部屋を替えながら朝稽古を見に行き、力士何人かの談話を採ってきています。それぞれが積み重ねたものを持ちより、「照ノ富士は調子いいみたいですよ」とか、それぞれの力士の状態や部屋の雰囲気を共有する発表会があります。それがあるので、ある程度事前に力士の状態がわかります。誰かが右の足首をくじいたとか、まだ肘が痛いみたいだとか、そういう情

報はすごく役に立ちます。本人が言わないケースもあるのですが、見ていてかばっているなというのが初日の状態を見ればわかります。目で確認することも、とても大事な取材です。

朝稽古の取材のときに、カメラマンとディレクターを連れて初日用のインタビューや「技の神髄」の親方インタビューなどを稽古後に座敷で撮らせてもらったりもしています。場所直前になると場所中で使う映像を撮ることもあり、朝6時半に家を出て7時半には稽古場に行きます。昼まで稽古を見て、15時からインタビューを撮って……なんてときもあります。帰ったらその日のうちに稽古の様子をまとめなければいけないし、場所前は結構忙しいですね。

AbemaTVとの違い

中継の流れはアナウンサーが主導で決めています。アナウンサーは長くやりますが、ディレクターは数年で配置換えがあるためです。若いディレクターも多く、長い期間相撲に特化してというのはできません。アナウンサー主導で行った打ち合わせ内容を紙にするのがディレクターで、技術の音声やカメラマンやスイッチャーはそれを見ながら放送していきます。

ＡｂｅｍａＴＶは、ディレクターがある程度の流れを考えていて、事前に軽く打ち合わせをしてその内容を聞きます。特にＣＭがあるのでそのタイミングと、事前に撮ったインタビューをその力士の土俵で流すかどうかを確認します。こちらが意見を出すことはありません。

技術系の人間は離れていてスタジオは4人しかいないし、雰囲気はアットホームでやりやすいですよ。画面を見ながらなので生の土俵を見られないのは残念ですけど、ＡｂｅｍａＴＶは独自のカメラが1台あって、日本相撲協会のカメラと混ぜながら映してくれています。「〇〇のタオルが多いですね」なんて言うと、カメラマンが一生懸命探して撮ってくれます。それ以外は協会のカメラと合わせています。

解説者とのやり取りに関しては、どちらも、それほど打ち合わせはやらないです。北の富士さんや舞の海さんなど、いつもの方だったらほとんどない。北の富士さんなんか土俵入りが始まってもまだ隣にいない、なんていうこともしょっちゅうでした（笑）。

解説者とのやり取りに関しては、どちらもそれほど打ち合わせはやらないです。北の富士さんや舞の海さんなど、いつもの方だったらほとんどない。北の富士さんなんか土俵入りが始まってもまだ隣にいない、なんてこともしょっちゅうでした（笑）。

印象に残っている一番

38年間、大相撲中継に関わって一番印象に残っているのは、平成3年3月場所の寺尾—貴花田（のちの第65代横綱貴乃花）の一番。前頭13枚目、当時まだ18歳の貴花田が初日から10連勝して、いよいよ優勝争いに絡み三役クラスとの対戦となったとき、11日目に小結寺尾戦が組まれ、その日の実況を担当しました。ものすごい突っ張り合いでしたが、貴花田の下半身がピタッと地面に吸い付いている。それを言葉にした覚えがあります。結局、貴花田が押し出しで勝って、11連勝ですよ。

相撲内容もそうだけど、寺尾が下がっていく花道の奥で、持っていた自分のさがりやタオルを叩きつけて悔しがる。自分に憤りを感じている姿がありありと映されて、その背中が忘れられないんですよね。後に寺尾が引退したときに話を聞いたら、あのときが一番悔しい忘れられない相撲だったと。ただあの態度がテレビ中継に映っていたのは恥ずかしいことだったと反省していると言っていましたが、寺尾の悔しさが背中ににじみ出ているシーンで、私が担当したなかでは一番忘れられない相撲でしたね。

いい相撲だったなというのは、平成20年1月場所での白鵬と朝青龍の意地の力比べ。引きつけ合いのすごい取組で、両者の足元に線路のような跡ができた相撲です。両者の廻しの引きつけ合いは栃若の時代などにたくさんありますが、最近はそう滅多に見ないですからね。自分自身が放送したなかでは、いい相撲として忘れられないです

相撲に限らず、スポーツ放送は台本がないから、何か面白いことが起きないかと思って見ています。やはり、名勝負が起きることが一番ありがたいですね。

藤井康生

フリーアナウンサー

日刊スポーツ佐々木一郎さんに聞く相撲記事の仕事

聞き手・飯塚さき

大相撲の取材

日刊スポーツの場合、相撲担当記者は東京本社の記者3人、西日本本社（大阪）の記者1人で合計4人です。本場所を撮影するカメラマンは最大で3人。どの社がどの位置で撮影するか、他社との話し合いでローテーションが決まっています。

どの力士をどの記者が担当するか、当社は初めから固定しているわけではありません。その力士と親しい人、詳しい人が自然と担当のようになり、書く機会が増えます。例えば、関西出身の妙義龍関などは自然と西日本本社が担当します。大阪を拠点にする記者の方が、地元のご家族や恩師を取材しやすいからです。

コロナ禍以前は、取材証があれば朝稽古取材はほとんどの部屋がアポなしで受け入れてくれました。稽古を見た後に親方や力士の話を聞くというのが新聞記者の一日の始まりです。一昔前は新聞の締め切りに合わせて記事を書けば良かったのですが、近年はウェブへの出稿もあります。こちらは、すぐに出したほうがいい話題があれば朝稽古取材後にすみやかに書くことになります。

本場所までの取材の流れ

2週間前	番付発表	新入幕、新三役、前場所優勝力士の取材
翌日	力士会	
↓		朝稽古や出稽古、注目力士の取材
初日前々日	初日、2日目の番付編成会議	取組記事作成、勝敗予想
初日前日	土俵祭り	三役以上の力士の取材、優勝額贈呈式の取材

※コロナウイルス感染対策施行中は、番付発表後の取材、土俵祭りの三役力士の列席は規制されています

本場所が始まると、優勝争いが本格化するまでは、どの力士のどんな話題を書いていくか、記者の腕の見せ所になります。やる気があっていっぱいネタやアイデアをもっている記者は、自然と書くチャンスに恵まれる傾向はあります。どこの業界でも同じことでしょうね。

本場所以外の時間

本場所が始まると記事の扱いが大きくなるので、読み応えのある記事を書くためには場所前にいかに準備しておけるかがカギになります。本場所が始まると、力士は集中して緊張もしますから、口は重くなりがちです。比較的リラックスできる場所前に部屋まで足を運び、いい取材をしておくことで本場所中の記事が充実します。

相撲の記事は一般的に、本場所で優勝したときや、横綱、大関に昇進したときに大きく扱われます。このタイミングでこそ、読み応えのあるものを出したいと考えて準備をしています。師匠、兄弟子、付け人をはじめ、恩師やご家族にも事前に話を聞けていると、お祝いの記事としていいエピソードを紹介することができます。

取材で悩む場面も

このように本場所前の記者は時間を使っています。同時に、ウェブの重要性が増してきた近年は、速報性も重視しています。例えば、朝稽古取材で力士から結婚した

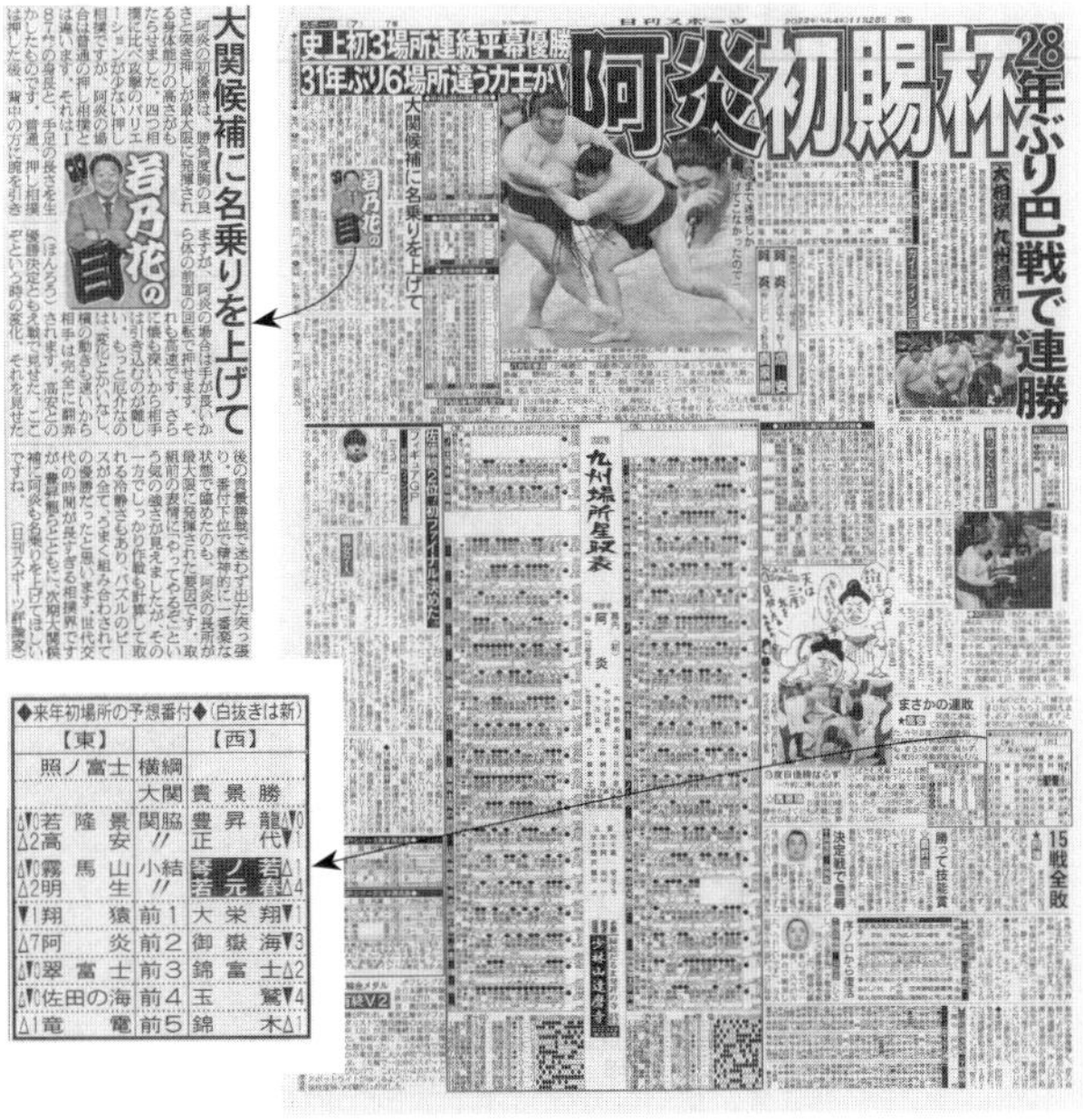

ことを明かされた場合。かつてなら翌日の新聞で発信していた情報かもしれませんが、今はウェブにまず掲載することを考えます。

仮に同業他社が現場に複数いた場合、真っ先にPCを開いて記事を書いた方がいいのか。それとも取材を続けた方がいいのか。情報発信の仕方が変わってきた近年は、記者はこういう判断に悩みながら現場に出ています。

いい記者とは

まずは何事も面白がれることでしょうか。大相撲は特に奥が深いので、あらゆる視点が求められます。本場所の取組を書くとしても、相撲の技術、攻防、戦術、取組後の力士のコメント、キャラクター、決まり手、親方などの見解、識者による評論、観客の反応など、あらゆる切り口が考えられます。記者が専門性を深め、様々な側面から興味を持つことで、よりよい情報を読者の皆さまに届けることができます。

記者は力士と読者をつなげる一方、常に応援団ではいられません。日本相撲協会内で不祥事が起きることもあります。厳しいことを書かなくてはいけない局面に立つこともあります。そんなときこそ、取材力が問われます。フェアで正義感があることも、記者として必要な資質です。

大相撲への理解と愛情があれば、厳しいことを書いてもそれが文脈に表れ、共感を得られるはずです。大相撲に限りませんが、記者の力が試される場面は多くあります。

記事ができるまで

会場の取材体制	記者は３～４人、カメラマンは３人で砂かぶり１人、２階席に２人
記事作成	事前に何を書くか候補を出す→結び後に確定→記者室で執筆→午後９時過ぎには出稿
レギュラー記事の作成	「記者席から」「舌でひねり」 →各記者のコンペで決定 「若乃花の目」 →ベテランの担当記者による聞き取り取材 「番外もう一丁！」 →やくみつるさんより原稿が送られてくる 明日の取組予想 →ベテラン記者による予想。調子を見て判断
編集	見出しや写真選択などは、整理部という部署のレイアウターが担当
締切	１日３～４回の締め切りがあり、他の記事の重要度によって修正する場合も

ウェブニュースについて

日刊スポーツでは、ウェブでも多くの情報を発信しています。紙面と異なりスペースに限りがないので、情報量も多くなっています。速報性を重視する一方、ウェブならではの記事もあります。

伝統的に我々が新聞に掲載してきた記事と、ウェブで読まれる記事は傾向が異なります。ユーザーニーズに応える記事は何か、日々研究を続けています。当社ウェブ内に掲載することはもちろん、ＳＮＳによる拡散を試みたり、ポータルサイトへの情報配信もしています。戦略のひとつとして、Ｙａｈｏｏ！のトピックスに掲載してもらうことを狙っていくこともあります。

このように当社では速報系のニュースは無料で公開していますが、有料のサブスクリプションサービス「日刊スポーツ・プレミアム」も始めました。お金を払ってでも読みたいと思っていただける読み物系の記事を主に提供しています。新聞社として、新たな挑戦の場になっています。

新聞のいいところ

速報性ではウェブにかないませんが、新聞にもいいところはたくさんあります。何が一番のニュースなのかの価値判断をしてレイアウトしているので、それがダイレクトに目に飛び込んできやすい。一覧性にもすぐれています。大相撲の場合、千秋楽の日は星取表が大きく掲載されますが、これは保存性があります。何年にもわたって切り抜いて取っておいてくれる人もいます。

家族で一緒に読んだり、喫茶店や会社で回し読みできることも新聞の特徴のひとつです。

また、一面に記事が載ることに価値を感じてくれる力士も多くいます。ありがたいですね。

日刊スポーツ・プレミアム

有料会員記事料金は
1カ月 970 円（税込）と
6カ月 4,980 円（税込）の
2プランです。

佐々木一郎

日刊スポーツ新聞社

岩友親方に聞く「家で楽しむ日本相撲協会」

◎YouTube「親方ちゃんねる」

開設の経緯は?

開設以前に「これからはSNS、インターネットの時代ではないか」と不知火親方、小野川親方と話をしていました。すでにその時点で日本相撲協会のツイッターなどはありましたが、まだあまり知られていませんでした。大相撲はどうしても固いイメージなので、若者やライト層に向けて何かできることはないか、いろんなものを使って宣伝していかなければと話していました。

YouTubeの開設は小野川親方の提案です。始めた当初は、自分が撮って不知火親方が編集していました。今後もYouTubeを続けていきたいと思っていたころ、コロナウイルスの流行で開催予定だった大阪場所が無観客になったんですね。そのタイミングで広報部から「ファンサービスの一環で生配信をできないですか?」と声をかけてもらったんです。そこから拡がっていろんな企画をやっていこうとなりました。

「親方ちゃんねる」創設メンバー。左から小野川、音羽山、岩友、不知火の各親方。

伝えたいことは何か

「大相撲は楽しい！」ということをいかに伝えるか。

「親方ちゃんねる」では、ＹｏｕＴｕｂｅを見る若い世代に向けて、ときには楽しさを前面に押し出すような動画を作っています。画面に映っている人たちが、昔は土俵で戦っていたんだというギャップを感じて欲しいです。この先の大相撲のためにも、若いファン層を取り込んでいきたいと考えています。

最近僕は会場の外に出ていませんが、最初はよく声を掛けられました。一番嬉しかったのは「ＹｏｕＴｕｂｅを見て、初めて会場に来ました」と言われたことですね。そういうのを目指していたので、嬉しかったです。

いままでボツになった企画は？

いっぱいあります。楽しすぎるとだめなんですね。

電光掲示板を取り換える動画や土俵築《どひょうつき》（土俵を作ること）のタイムラプス動画など、コアな相撲ファンに喜んでもらえるものもありますが、ギャップは必要だと思うんです。僕には子供が２人いて、ＹｏｕＴｕｂｅで見ている、ＵＦＯキャッチャーの動画などをよく見ています。だから、例えば親方衆や現役力士がＵＦＯキャッチャーをやっている動画を作ったり、国技館にＵＦＯキャッチャーを置いて、それでファンの方が遊んでくれている様子の動画を作ったりして、「楽しそうだから国技館に行ってみたい」となって、いざ相撲を観たら「相撲ってすごいね」と思ってもらえる、さらにはリピートしてもらうのが理想ですね。ライト層でも受け入れられるよう、コアなファン向けのもっと前の段階のものを作りたいんです。ゴールは大相撲ファンになってもらうためのきっかけ、間口になること。気が付くとコア向けの動画ばかりになっているので、もっとギャップが出るようにしたいです。いつか子供たちを国技館に呼んで、鬼ごっことか「逃走中」とかをやってみたいですね。

収益について

ＹｏｕＴｕｂｅの直接の収益は考えていません。個人的に、お金はあとからついてくると思っています。

YouTubeを見て、チケットを買って国技館に来たり館内でグッズを買ったりしてもらえば、それが収益になっているからです。不知火親方は最初から「お金をかけずに頑張ろう」と話していたので、はなから収益を見込んで予算を組むのではなく、撮影や編集も自分たちでやるという形で始めました。

企画会議や編集作業は？

企画会議は、広報部の職員と親方ちゃんねるのメンバーで集まってやります。今は広報部が編集を担当していますが、サブチャンネルは小野川親方が編集していきます。自分たちで撮って、編集して、アップするというのが理想なのですが、なかなか技術的にも難しくて。企画・構成がしっかりしていないと編集は大変だと思います。

印象に残っているロケ

回向院のロケがすごかったですね。自分たちの知らない相撲の歴史がありました。両国ロケも本当はいっぱいしたいです。両国と言えば相撲なので、楽しめるところがあるというのを紹介したいのですが、コロナ禍でなかなかできなかったり。あと、全員面倒くさがりなんで(笑)。やったらやったで、視線をぶつけ合いながら「誰が編集するんだろう」みたいな(笑)。

◎大相撲公式ファンクラブ

僕らの現役時代からファンクラブの話はあったと思います。親方ちゃんねるのメンバー4人でも、ファンクラブを作りたいとはよく言っていました。各部屋などの後援会とは違った、ライト層向けのサービス企画にしたいという意図です。なかなか実現までは難しかったのですが、ようやくスタートしました。

有料会員になる皆さんの一番の目的は、チケットの先行販売ではないでしょうか。横綱会員、大関会員とありますが、いかにそこに差をつけていくかというのが課題ですね。令和4年の第一回ファン感謝祭は、平日開催でしかも天気は雨。当日は心配していましたが、多くのファンに来てもらえました。警備から何から自分たちで考えてやった企画だったので、大変でしたね。次回に何をするかは、第一回で出し尽くしてしまった感もあり、正直悩むところです（笑）。

◎日本相撲協会公式グッズ

グッズで好評なのは、カレーなどの飲食関係です。キットカットもその時々の人気力士のものが出てきて、楽しいです。私は「ここで買ったら400円だけど、普通のお店だと100円だよ」って言っちゃいますけどね（笑）。

グッズは三保ヶ関親方がデザイナーに頼んで作りはじめて、今も親方が担当しています。大相撲の人気が高くなって毎日会場が満員になっても、国技館が急に2万人入れる会場になるわけではありませんので、チケット売上には上限があります。それもあり、グッズ販売の売上はとても大事です。いまは通販でも買えるようになりましたので、今後も伸ばしていきたいですね。

◎大相撲ファンにメッセージ

テレビを観てくれているファンの中には、なかなか会場に来られない人も多いと思います。そういう方々には、ぜひＹｏｕＴｕｂｅの稽古動画などを観てから、テレビ中継を観て欲しいですね。そしてグッズを通販で購入して、会場と同じようにグッズを持って力士を応援して欲しいです。ＮＨＫやＡｂｅｍａＴＶの中継を流しながら、ぜひＹｏｕＴｕｂｅ生配信も観て欲しい。それをきっかけにして、いつか会場に足を運んで欲しいですね。

大相撲グッズを買えるサイト２選

お相撲さんのショッピングモール SuMALL（すも～る）

相撲銘品館

Staff

企画・執筆　高田史哉（Hobby JAPAN）
ブックデザイン　黒田智之
編集・レイアウト　園田省吾（AIRE Design）
編集アシスタント　日向晃平（Hobby JAPAN）
写真撮影　高田史哉（Hobby JAPAN）

Special Thanks

画像使用許諾　日本相撲協会
一部監修　株式会社 AbemaTV　有限会社琴剣
機材協力　株式会社ニコン

参考文献　月刊『相撲』（ベースボール・マガジン社）

家で楽しむ大相撲
「観る相撲」のためのガイドブック

2023 年 1 月 31 日　初版発行
発行人　松下大介
発行所　株式会社ホビージャパン
〒 151-0053 東京都渋谷区代々木 2-15-8
TEL 03-5354-7403（編集）
FAX 03-5304-9112（営業）
印刷・製本　大日本印刷株式会社

ISBN978-4-7986-3056-4 C0076
Printed in japan